elefante

elefante

EDIÇÃO
Tadeu Breda

ASSISTÊNCIA DE EDIÇÃO
Érika Nogueira Vieira

PREPARAÇÃO
William Vieira

REVISÃO
Eduarda Rimi
Laila Guilherme

REVISÃO TÉCNICA
Gabriel Zacarias

ILUSTRAÇÕES
breno

DIAGRAMAÇÃO
Daniela Miwa Taira

ASSISTÊNCIA DE ARTE
Yana Parente

DIREÇÃO DE ARTE
Bianca Oliveira

— CRISE & CRÍTICA —

Concreto

arma de construção em massa do capitalismo

ANSELM JAPPE

TRADUÇÃO ROBSON DE OLIVEIRA

— PRÓLOGO —

O elemento instigador deste ensaio foi o desmoronamento do viaduto Morandi em Gênova, em agosto de 2018. Logo tive a convicção de que a causa desse desabamento, que muitos julgavam "incompreensível", era o próprio fato de essa ponte ser de concreto armado — material com tempo de vida útil muito limitado. Tratava-se, portanto, de um caso exemplar da obsolescência programada, tão vital ao capitalismo. No entanto, ao me informar sobre os malefícios do concreto armado, tomei conhecimento das grandes queixas que já tinham sido formuladas contra o material, embora sua divulgação fosse bastante restrita. Consequentemente, parecia-me oportuno resumir essas críticas, no mais das vezes perdidas em considerações apenas técnicas.

Ao evocar o concreto, falamos inevitavelmente da arquitetura moderna — do século XX — e de seus protagonistas, mas também do funcionalismo e do urbanismo, e enfim da cidade contemporânea. Por outro lado, um certo número de discursos também trata das arquiteturas tradicionais e de seus contextos sociais. Em suma, a partir de um acontecimento particular, um vasto campo se abre para a reflexão (pelo menos para a minha), contanto que se tenha disposição para ver as múltiplas conexões entre as coisas ao invés das compartimentações entre os campos do saber. Não sou de modo algum um "especialista" em arquitetura. O que exponho aqui a eventuais leitores são considerações esparsas em torno desses temas, fruto de reflexões, leituras e conversas, umas recentes, outras que datam de várias décadas. Estas páginas, portanto, não têm a pretensão de ser sistemáticas nem de esgotar a questão. O tom, a perspectiva e o ponto de vista podem mudar de uma página a outra. Espero apenas que o leitor possa admitir que todas as minhas considerações voltem sempre ao tema de partida: a nocividade do concreto armado.

Pude transcrever nesta obra, quase sem modificações, ideias que eu tinha anotado — sem nenhuma intenção de publicá-las — há quase trinta anos. Nesse terreno, como também em outros, o tempo não conseguiu me comedir: a arquitetura do século XX suscita em mim a mesma repulsa que suscitava na adolescência. E digo isso de maneira muito pouco objetiva ou equilibrada, sem possuir diploma ou outras formas reconhecidas de competência, mas simplesmente com base em meus gostos subjetivos e espontâneos. Fiz breves excursões por diferentes disciplinas como história, história da arquitetura, história da arte, literatura, filosofia, sempre selecionando nessas fontes aquilo que servia a meu propósito. Espero que esta reflexão geral seja minimamente convincente aos leitores benevolentes, pois sei que os especialistas dos campos de conhecimento envolvidos encontrarão aqui muito o que recriminar.

Mas não sou o único a ter analisado essa temática. Para sustentar em parte meus argumentos, li muitos autores que mal ou nem sequer conhecia. Um deles representou uma verdadeira descoberta para mim: Bernard Rudofsky e suas observações sobre as arquiteturas tradicionais. É o autor de quem me sinto mais próximo quanto a esse tema.

Com relação à literatura já existente, e quase infinita, tratando da arquitetura, do habitat, do urbanismo e da cidade, este curto estudo não pretende ser original senão em três pontos: o foco na questão dos *materiais*; o recurso à arquitetura dita "vernacular" para julgar as construções modernas; o destaque dado ao isomorfismo entre o concreto e a lógica do valor mercantil.

— INTRODUÇÃO —

O DESABAR DE UMA PONTE

O dia 15 de agosto, dia da Assunção da Virgem Maria segundo a Igreja católica, é chamado Ferragosto na Itália. Ele é tradicionalmente considerado o ponto culminante do verão. Até quem não tira férias em agosto, que costuma ser um mês tórrido, permite-se uma pausa durante esse feriado: vai à praia, ao campo ou se reúne com os parentes. Ou seja, há muito trânsito em todas as rodovias do país. O nível de tráfego é também muito intenso tanto nos dias que precedem quanto nos que se seguem ao Ferragosto, sobretudo quando é possível emendar ou, como se diz em italiano, "fazer a ponte" com um fim de semana.

Poderíamos até pensar que foi por pura malvadeza que o destino escolhera a ponte como alvo em um 14 de agosto.

O norte da Itália tem uma das redes de estradas mais densas do mundo, construídas essencialmente nos anos 1960. O terreno, não raro muito acidentado, exigiu grandes obras de engenharia civil, em particular na costa da Ligúria, onde a rodovia não passa de uma sucessão de galerias e pontes sem fim. Poucas coisas contribuíram tanto para difundir a ideia de que a Itália tinha se transformado em alguns anos de nação agrícola e "atrasada" em país "moderno" — as estradas materializavam acima de tudo o "milagre econômico italiano".

Entre essas "obras-primas da engenharia", o *viadotto* Polcevera de Gênova ocupava um dos lugares de honra. Inaugurado em 1967, ele passava por cima de boa parte da cidade, de suas linhas ferroviárias e seus terrenos construídos, permitindo atender a toda a área do porto moderno, relativamente encravado nos relevos do entorno. Seu engenheiro-chefe, Riccardo Morandi (1902-1989), tinha desenvolvido técnicas à época consideradas muito inovadoras que foram depois frequentemente replicadas em outras construções.

Tratava-se da primeira ponte "estaiada" italiana, ou seja, constituída de um tabuleiro suspenso por cabos envoltos em uma bainha de "concreto protendido" e presos a pilares (ver o próximo capítulo). O conjunto media mais de um quilômetro e o vão principal se entendia por 208 metros, ou seja, era o segundo mais comprido do mundo na época. Além disso, esse viaduto impunha admiração por sua leveza e elegância, em outras palavras, por seu design, algo tão importante para a marca *made in Italy*. O país tinha vários motivos para se orgulhar, e não surpreende que o viaduto tenha logo sido chamado de *ponte Morandi* no linguajar cotidiano.

Então, daria para acreditar que foi por mera malvadeza que o destino tenha escolhido atingir precisamente essa ponte.

Em 14 de agosto de 2018, às 11h36, enquanto uma tempestade caía sobre Gênova, um vão da parte central desmoronou bruscamente. Quarenta e três pessoas perderam a vida, sobretudo motoristas que trafegavam pelo viaduto, mas também operários que trabalhavam debaixo dele. Decerto não foi a maior catástrofe técnica que atingiu a Itália nessas últimas décadas, mas dessa vez o impacto sobre a "opinião pública" foi particularmente forte. As imagens de um caminhão que tinha conseguido parar bem na beira do precipício e ficou plantado ali durante dias, assim como a história do homem pendurado lá no alto por horas esperando a chegada de socorro, assombrariam por um bom tempo a imaginação coletiva. O desastre tinha acontecido em plena cidade de Gênova e modificado sua silhueta; além do mais, centenas de pessoas seriam obrigadas a deixar suas casas.

Naturalmente, isso suscita de partida várias questões angustiantes: como essa catástrofe tinha ocorrido? Um desmoronamento assim poderia acontecer em outros lugares? E o que fazer para evitá-lo?

A temporada de caça aos erros de concepção no projeto estava inelutavelmente aberta, sobretudo por parte dos "especialistas", e isso com relação a um tema bastante especializado. É verdade que outra construção famosa de Morandi, a ponte General Rafael

Urdaneta, na Venezuela, também tinha desabado parcialmente em 1964, alguns anos depois de sua construção. Sim, esse incidente se deu por um choque causado pela colisão de um petroleiro. "Falta de sorte", pode-se dizer, mas não "erro profissional". Outra ponte realizada por Morandi em Agrigente, na Sicília, está fechada desde 2015 em razão de falhas estruturais, e muitas outras dessas pontes apresentaram problemas. Entretanto, nenhum erro de cálculo foi encontrado, o que parece sugerir que as obras que ele projetou não são piores que outras.

As tentativas de identificar as causas de um desastre tão espetacular se concentraram nas soluções "inovadoras" do engenheiro, as mesmas que fizeram sua fama, para saber se elas não haviam criado novos problemas que apenas uma manutenção rigorosa teria podido evitar — e que claramente não foi feita. A atenção dos especialistas se voltou para os cabos de aço — os tirantes — inseridos nas bainhas em concreto protendido. Segundo Morandi, as bainhas tinham a função de impedir a corrosão dos cabos, principal perigo que pode ameaçar esse tipo de construção. Na realidade, elas tornavam muito mais difícil o controle da corrosão efetiva dos cabos, já que eles ficavam encobertos e praticamente inacessíveis. Segundo outros especialistas, a ponte não se comportava "como previsto", em especial no nível do tabuleiro em concreto protendido que começava a ficar ondulado sob certas condições. Apenas doze anos após sua inauguração, o próprio Morandi se viu obrigado a admitir o envelhecimento precoce da construção, que ele atribuía ao ar salgado do mar e aos vapores produzidos pelas siderúrgicas do entorno[1] — dois fatores já presentes no momento da construção. Da mesma forma, o forte aumento do volume de tráfego não tinha sido previsto e agravava a situação — a ondulação dos materiais ia muito além do que se tinha imaginado. As obras de manutenção permanentes estavam

1 Riccardo Morandi, "The Long-term Behaviour of Viaducts Subjected to Heavy Traffic and Situated in an Aggressive Environment: the Viaduct on the Polcevera in Genoa", IABSE *Reports of the Working Commissions*, n. 32, p. 170-80, 1979.

se tornando tão onerosas que se chegou a evocar a demolição da ponte, afirmando que os custos de manutenção excederiam a longo prazo os de uma nova construção.[2] Em 2006, o célebre arquiteto espanhol Santiago Calatrava Valls propôs substituí-la por uma estrutura de aço. Em suma, a ponte Morandi era objeto de fortes preocupações havia muito, e depois de seu desmoronamento falou-se, com mais ou menos satisfação, de uma "tragédia anunciada".[3]

A manutenção insuficiente — de uma obra já problemática — estava assim no centro da polêmica. Quem deveria ter cuidado disso? Desde 1999, quando as rodovias foram privatizadas na Itália, cabia à empresa Autostrade per l'Italia a gestão da ponte. A queda do nível de manutenção depois da privatização era uma crítica constante, e quando se leva em conta que o acionista principal da Autostrade per l'Italia é o grupo Benetton, mais conhecido por seus casacos e meias, o responsável perfeito parecia ter sido encontrado. O Movimento Cinco Estrelas, que naquele momento tinha acabado de formar um governo nacional com a liga de extrema direita (Lega), se aferrou ao assunto e propôs não somente a aplicação de uma multa pesadíssima à empresa como também a anulação de sua licença de atuação no setor de autoestradas em toda a Itália. Representantes do partido trouxeram regularmente essa proposta à mesa, apesar das reticências dos outros grandes partidos de esquerda e de direita, e apesar de sua difícil aplicação no plano jurídico. Essa designação do culpado parecia, aliás, ser confirmada pelas investigações judiciais relativas a vários casos de manipulação dos relatórios sobre o

2 Antonio Brencich, "Ponte Morandi, parla l'esperto: 'Il fulmine non c'entra niente, il ponte era fragile, andava abbattuto'", *Genova Post*, 14 ago. 2018. Esse professor de engenharia na Universidade de Gênova já tinha falado sobre o tema em 2016; ver Sara Frumento, "Ponte Morandi a Genova, una tragedia annunciata?", *Teknoring*, 17 ago. 2018.

3 "Italie: des défaillances sur la structure du pont Morandi à Gênes avaient été signelées", *Le Monde*, 15 ago. 2018.

estado de outras pontes, impostas por dirigentes da Autostrade e seus empregados.[4] Parte da opinião pública italiana aderia consequentemente a uma espécie de "anticapitalismo truncado", de tipo populista: uma família de "grandes capitalistas" — os Benetton — acumulava enormes lucros fazendo economias à custa dos honestos cidadãos. Isso não era mentira, mas se tratava de uma explicação muito limitada.

Outros, ao contrário, imputavam a culpa à falta generalizada de confiança no progresso e na recusa das tecnologias (novas), ressaltando que os projetos de construção de estradas alternativas nos arredores de Gênova tinham sido todos bloqueados por resistências que punham em evidência os danos ambientais, os custos proibitivos, bem como os riscos de corrupção.

Acrescentaram-se a isso, é claro, teorias conspiracionistas. Artigos e vídeos espalhados na internet mostravam que o vão da ponte tinha sido derrubado por uma carga de dinamite, provavelmente para que alguém tirasse muito proveito de sua reconstrução; mas também, de maneira mais surpreendente, o motivo estaria no fato de a Ligúria estar na fronteira entre duas grandes esferas rivais da franco-maçonaria! Os vídeos das câmeras de vigilância que registraram o desabamento só foram tornados públicos vários meses depois do acontecido. Difícil encontrar prova melhor de que queriam de fato nos esconder algum pavoroso segredo.

De quem é a culpa?

Na verdade, a ponte Morandi caiu *porque era de concreto armado* e já estava com meio século de existência. A menos que se multiplicassem os esforços contraeconômicos para garantir sua manu-

4 Documentos apreendidos pela polícia na sede social da empresa indicam que desde 2014, durante uma reunião da qual participava um dos representantes do Ministério da Infraestrutura e dos Transportes, evocava-se o risco de desabamento da ponte Morandi. Mas decidiu-se não fazer nada. A empresa se justifica hoje garantindo que o risco "era somente teórico" (*La Repubblica*, 21 nov. 2019).

tenção, uma construção dessas atinge o limite de seu período de vida útil com trinta anos; em seguida, entra na fase de degradação, *a fortiori* quando completa sessenta ou setenta anos. Ela não é feita para durar mais que isso, a despeito do que pensem os construtores.

O concreto armado conheceu um impulso espetacular, pelo menos no mundo ocidental, entre os anos 1950 e 1970. Assim, que futuro é possível entrever para boa parte de nosso ambiente construído?

O desabamento da ponte Morandi é visto como uma exceção enigmática, ou como algo que se procura explicar por razões bem extraordinárias. Mas, e se isso viesse a se repetir nos próximos anos? E se na verdade se tratasse de um sinal? Um *mene, mene, tequel parsim*, um aviso escrito numa parede por uma mão sobrenatural? Se milhões de moradias e pontes, barragens e estradas, aeroportos e arranha-céus revelassem, em ritmo crescente, que são construídos com areia e armaduras metálicas sujeitas à corrosão — que é o que eles *efetivamente* são? E se sua alteração consubstancial, sua vulnerabilidade, sua desagregação fossem não apenas a face visível dessas obras, mas também a consequência do desmoronamento ou da decomposição da sociedade que as engendrou?

Podemos, é claro, criticar e condenar a incapacidade dos engenheiros, a subordinação dos imperativos de segurança ao lucro, a falta de "cultura empresarial" dos executores das obras (seus acordos e diversas vigarices), a cobiça ou a miopia dos gestores públicos e privados. Podemos também ir mais longe e questionar a própria necessidade de continuar a construir tantas obras quantas são habitualmente edificadas com concreto, como aeroportos, estradas, barragens e "torres", que agora são vistas com suspeita por parte crescente da população, pelo menos na Europa, e são objeto de intensos debates.

Mas é possível criticar o concreto armado enquanto tal? Encarado como menos nocivo que o amianto ou os pesticidas, ele também parece fazer menos estragos do que o carro, a televisão ou o plástico. No entanto, o jornal liberal inglês *The Guardian*, que não é exatamente um órgão do anarcoprimitivismo, qualificou-o como o "material mais destrutivo da Terra".[5] O dossiê — muito interessante — que o jornal lhe dedicou fica, entretanto, limitado a malefícios mensuráveis. Aprofundando ainda mais o raciocínio, será que o concreto mantém relações com o capitalismo para além da questão da expansão dos lucros de alguns, chegando a ponto de ser a perfeita materialização da lógica do valor mercantil? Esse material aparentemente inofensivo, que os ingleses chamam de *concrete* e os espanhóis, assim como os brasileiros, de *concreto*, pode realmente ser considerado *o lado concreto da abstração capitalista*. Nesse caso, veremos que o "sujeito automático" da valorização do valor tem um poder muito mais destruidor do que todos os maus engenheiros e todos os ávidos acionistas juntos.

O culto da leveza levava a crer que se poderia construir com uma quantidade reduzida de material, fazendo pouco-caso das leis da gravidade. Mas fecharam-se os olhos para uma das consequências disso: se um único elemento estruturante falhar, a estrutura como um todo corre perigo. Com uma ponte em arcos, esse risco é mínimo: o desabamento de uma de suas partes não conduz automaticamente à queda do restante. Nesse caso, como em outros, pressupõe-se como uma evidência que nunca haverá falha. A ponte Morandi é um caso exemplar da húbris que caracteriza, em seu ponto culminante e em todos os níveis, a anticivilização capitalista.

É preciso, portanto, considerar mais essa dimensão da crise global da sociedade capitalista, além do colapso econômico, ecológico, energético e agora epidêmico: um bom número de construções humanas pode literalmente entrar em colapso e ruir a curto prazo — deixando para trás horríveis destroços.

5 Jonathan Watts, "Concrete: the Most Destructive Material on Earth", *The Guardian*, 25 fev. 2019.

Além da questão de saber qual lógica histórica tornou possível a existência do concreto, convém também se perguntar sobre aquilo que o concreto tornou possível. Logo, a crítica desse material poderá se estender para uma crítica da arquitetura dita "moderna" e também do urbanismo contemporâneo, interessando-se não apenas pelo uso do espaço mas também pelo conjunto dos materiais empregados. A justificativa corrente, segundo a qual "sem concreto a arquitetura moderna não teria sido possível", deve ser revertida em ato de acusação. É evidentemente impossível separar considerações sobre o concreto armado de um discurso mais global sobre a arquitetura moderna, isto é, a arquitetura dos séculos XX e XXI. Daí o interesse de lançar aqui alguma luz sobre a arquitetura moderna em geral, apesar da vastidão do assunto; e sem esquecer que o concreto não é o único fator questionado — danos terríveis são imputados a outros materiais, como os tijolos furados que se encontram especialmente nas "autoconstruções" atuais.

Com muita frequência se criticou — basta lembrar os nomes de Henri Lefebvre e David Harvey — a gestão capitalista do espaço e a injustiça social resultante. Em contrapartida, quase nunca se evoca a questão dos *materiais* utilizados. É por isso que vamos nos concentrar nela.

— CAPÍTULO 1 —

Pequena história do concreto

O problema seria, então, o concreto. Mas o Panteão de Roma também não foi construído com esse material? Sabendo que ele se compõe apenas de uma mistura de cal — portanto, de calcário calcinado num forno —, areia, agregados diversos (pedras trituradas, tijolos empilhados) e água, por que deveria ser tão perigoso? Ele faz parte dos materiais utilizados desde as primeiras construções humanas que não eram simplesmente erigidas a seco, há mais de dez mil anos, e se revela coextensivo à própria arte de construir, excetuando-se os materiais orgânicos (madeira, peles, têxteis, palha etc.) e a alvenaria com pedras de juntas secas. Também não se pode esquecer de mencionar os concretos de terra (adobe, taipa), conhecidos desde que o mundo é mundo. Sendo assim, como poderíamos prescindir dele, e por que razões?

Tal objeção se assenta na confusão muito comum entre *cimento, concreto* e *concreto armado*. O Panteão, edificado há dois mil anos, é de *concreto*; o vão da ponte Morandi que desabou, assim como a quase totalidade das construções que chamamos hoje de concreto, é de *concreto armado*, ou seja, realizado com armaduras de ferro ou aço. Há uma grande diferença entre o primeiro, que tem uma história milenar, e o segundo, inventado no século XIX e cuja utilização se generalizou depois da Primeira Guerra Mundial, e ainda mais depois da Segunda Guerra Mundial. Quando Bob Marley lamentava a *concrete jungle* ("selva de concreto") em uma de suas músicas, ou quando os autonomistas e *squatters* alemães dos anos 1970 escreviam nos muros *"Schade, dass Beton nicht brennt"* (Pena que concreto não pega fogo), eles estavam atacando em realidade o *reinforced concrete* e o *Stahlbeton*, portanto, o concreto armado.[6] Se é possível desculpar Bob Marley por não ter falado de *reinforced concrete jungle*, o que soaria de fato mal na música, todo o discurso crítico por sua vez tem obrigação de ser preciso no plano terminológico, sob pena de errar o alvo.

Não se trata de pregar o retorno à alvenaria sem aglutinantes — que necessariamente se limitaria a cabanas de pastores, como no planalto de Causses, ou a construções megalíticas, como os tolos de Micenas, os nuragues na Sardenha ou os palácios dos incas. A ideia aqui é tratar desse material particular que é o concreto armado e de seu vínculo estreito ao capitalismo industrial. Tecnicamente falando, seria impossível erigir arranha-céus de concreto não armado e, por extensão, uma *concrete jungle*. Essas precisões parecem ainda mais necessárias pelo fato de o riquíssimo dossiê do *Guardian* dedicado ao concreto em fevereiro de 2019, sobre o qual nos apoiaremos com frequência neste estudo, não estabelecer, por exemplo, nenhuma distinção clara entre suas diferentes formas. Isso é em parte compreensível, já que a questão principal abordada é a dos danos causados à saúde e ao meio ambiente. Ora, esses danos são efetivamente provocados pelo concreto enquanto mistura de brita e areia com um aglutinante, antes mesmo da incorporação de armaduras metálicas. Mas é o uso massivo do concreto em sua forma armada que causa esses danos. Os horrores da arquitetura de hoje e das construções modernas são consequência da combinação do concreto e do aço.

Em outros termos, é indispensável dar aqui um mínimo de explicações e trazer algumas precisões sobre o vocabulário técnico empregado. Como já foi dito, o autor destas linhas não é absolutamente um especialista no assunto. O leitor pode lhe dar sua confiança: ele não o sobrecarregará com noções técnicas,

6 Mais preciso ainda, um grafite francês dos anos 1970 dizia: "*Le béton est armé — et vous?*" [O concreto está armado — e você?].

nem pressuporá conhecimentos prévios nesse ramo. Tentará apenas resumir o pouco que ele mesmo entendeu do assunto.

PEDRAS E AREIA

Sempre foram utilizados diferentes aglutinantes para associar de maneira estável os elementos de construção, essencialmente agregados de minerais ou de argilas cozidas. Quando a mistura se resume a areia e água com aglutinante, fala-se de simples "argamassa". Quando se trata de pequenos pedaços de pedras, argilas cozidas trituradas e areia com um aglutinante dito "hidráulico", a mistura forma uma massa e endurece rapidamente: esse fenômeno de "pega" pode também acontecer debaixo de água — daí o qualificativo "hidráulico". A massa é em seguida posta numa fôrma de madeira ou metal (cofragem), ou numa vala que funciona como fôrma.

Foi no Oriente Médio, a partir do fim do Neolítico, que se começou a usar concretos no sentido amplo: primeiro à base de terra mais ou menos argilosa, depois à base de cal. A produção de cal à base de calcário, que é uma da rochas mais comuns no planeta, exige uma temperatura de cozimento elevada, em torno de 900 °C. Esse processo permite a obtenção de cal viva (pó de cal) e libera dióxido de carbono na atmosfera. Quando a cal é pura e é misturada com água, obtém-se a cal grossa, e o fenômeno da "pega" não acontece. Exposta ao ar, a massa endurece lentamente por evaporação de uma parte da água da mistura (carbonatação). Quando o calcário é impuro e contém argila, ocorre a formação de silicatos e aluminatos de cálcio e se obtém toda uma gama de cais hidráulicos. Misturadas com água (extinção da cal), produzem uma massa que endurece mais ou menos rápido (de alguns dias a algumas semanas) ao contato com o ar. Ela pode ser trabalhada durante um certo tempo, seja para unir pedras ou cobrir paredes de uma construção. Os egípcios usavam a cal viva (óxido de cálcio) combinada com argila para a construção das pirâmides.

No século I a.C., e até mesmo antes, o *concreto*[7] apareceu entre os romanos: eles acrescentaram pozolana à argamassa, um granulado vulcânico extraído em Pozzuoli, perto do Vesúvio, e telhas trituradas. Eles o chamavam de *caementum* ("cantaria", "pedra bruta"), que originará mais tarde a palavra "cimento".[8] Vitrúvio fala disso longamente em seu famoso *Tratado de arquitetura*, escrito por volta do ano 15 a.C. O Império Romano usava esse método de forma abundante na construção de prédios públicos, sendo o Panteão de Roma o mais famoso. Construída no início do século II, sua cúpula não é apenas a maior da Antiguidade; é também a maior realizada até hoje em concreto (não armado). Depois de quase dois mil anos e apesar de vários terremotos, a construção continua de pé, como testemunha de sua "solidez duradoura" — fórmula vitruviana resumida pelo termo latim *firmitas*.

Enquanto as diferentes argamassas serviam para ligar as pedras entre elas, o concreto romano permitia *substituir* a própria pedra e levantar estruturas com essa mistura. Consequentemente, tratava-se de uma *pedra artificial*. Como esse tipo de concreto tinha desaparecido com a queda do Império Romano, a cúpula da basílica Santa Sofia em Constantinopla (século VI) foi construída de tijolo e pedra, assim como o domo da catedral Santa Maria

7 A palavra francesa *béton* [concreto], registrada por volta de 1165 sob a forma *betun* (que designava originalmente a argamassa, termo que vem do recipiente onde ele era preparado), é derivada do latim *bitumen*, "betume" (de *pixtumens*, "piche que incha"). Para aumentar a confusão terminológica, fala-se também de "concreto de cimento". A palavra inglesa *concrete* vem, por sua vez, do latim *concretus* ("compacto", "condensado"), particípio perfeito passivo do verbo *concrescere* ("crescer com", "solidificar-se"). O adjetivo *concret* aparece em francês apenas em 1508.

8 O que os romanos designavam como *opus caementicium* está próximo do concreto moderno: a incorporação à cal de pozolana ou de telhas trituradas para obter uma cal levemente hidráulica (presença de silicatos de alumínio). A mistura resistia à água ou endurecia em meio úmido e servia de alvenaria de preenchimento entre duas paredes de pedra ou tijolo de argila cozida.

del Fiore em Florença (século XV) e o da basílica São Pedro em Roma (século XVI).

É, no entanto, inexato dizer que o concreto foi "redescoberto" no fim do século XIX, estabelecendo uma espécie de elo de continuidade ideal entre o Panteão e o Grande Arco de La Défense em Paris, passando pelas obras de Le Corbusier. Na verdade, a mudança fundamental foi a irrupção e o desenvolvimento do concreto *com armaduras*, e não a retomada do concreto romano *não armado* — embora, evidentemente, o concreto armado pressuponha sempre alguma forma de concreto, e os problemas ambientais e sanitários que ele provoca se devam principalmente à natureza do concreto enquanto tal. Mas não utilizaríamos vários bilhões de toneladas de concreto por ano se só existisse concreto não armado...

Entretanto, antes de chegar-se ao concreto armado, começou-se a aperfeiçoar o cimento no início da Revolução Industrial. Por volta de 1755, o engenheiro inglês John Smeaton, em busca de uma argamassa resistente à água, conduziu uma série de experimentos e descobriu não somente que a hidraulicidade da argamassa — ou seja, sua capacidade de endurecer em contato com a água — dependia da quantidade de argila presente nos calcários utilizados, mas também que ela podia ser modulada, caso fosse preciso. Assim, não era mais necessário acrescentar pozolana, uma rocha ao mesmo tempo rara e cara. O farol de Eddystone, construído de cimento bem no meio do mar, resistiu mais de um século a condições climáticas extremas.

Em 1796, outro inglês, o pastor James Parker, descobriu na ilha de Sheppey um calcário cujo teor de argila possibilitava a obtenção de um cimento natural de pega rápida. Ele registrou a patente e em seguida comercializou sua invenção com o nome de "cimento romano", como se tivesse encontrado a composição de origem. Não era o caso, mas o cimento romano era admirado por sua extraordinária longevidade, e buscava-se por todos os meios descobrir seu segredo. Também chamado "cimento natural" ou "cimento pronto" (próximo do gesso), ele foi amplamente utilizado no século XIX para fazer molduras e às vezes na fabricação de "pedras artificiais" em cimento moldado; em outras palavras, não para construir edifícios, mas para decorá-los. Não era um cimento no sentido contemporâneo do termo, mas muito mais uma cal fortemente hidráulica.

Com o impulso da química industrial, esse cimento natural deu lugar ao cimento dito "artificial". Em 1818, o jovem politécnico francês Louis Vicat descreveu o princípio da hidraulicidade da cal e demonstrou como fabricá-la à vontade. Ele usou sua invenção para construir pontes,[9] mas se recusou a registrar patente (o que lhe valeu um elogio de Balzac em *O cura da aldeia*, mas também, mais tarde, uma pensão vitalícia). Foi de novo um inglês, Joseph Aspdin, que registrou em 1824 a patente (o problema das patentes não é de hoje!) daquilo que chamou "cimento Portland", explicando que poderia ser usado na produção de "pedra artificial". Seu filho William tratou de difundir amplamente a invenção, a ponto de hoje esse cimento designar uma norma reconhecida no mundo todo. Esse cimento artificial (produzido pelo homem) é baseado no clínquer,[10] uma mistura composta de cerca de 80% de calcário e de 20% de argila. Levado ao forno a 1.450 °C para solidificação, é em seguida triturado para obter-se o pó de cimento (clinquerização). Ainda não é um "cimento de verdade", mas sobretudo um aglutinante. Será preciso esperar até 1844 para que o concorrente de Aspdin, Isaac Charles Johnson, desenvolva uma versão melhorada que logo será tida como o "Portland verdadeiro", mais duro que o original.

Foi graças ao cimento Portland aperfeiçoado que as estruturas de concreto puderam realmente começar a ser concebidas. Esse produto ainda se encontra em parte das construções con-

9 Já no final da vida, em 1855, ele construiu em Grenoble uma das primeiras pontes usando a concretagem (concreto não armado) com um alcance de alguns metros.

10 Não se deve confundir o clínquer como ingrediente do cimento e o clínquer ou *klinker* como tijolo parcialmente vitrificado, usado sobretudo nas fachadas da Holanda.

temporâneas. A partir da segunda metade do século XIX, fábricas de cimento foram abertas em toda a Europa. As inovações permanentes e a grande disponibilidade de insumos tornaram-no um produto barato. Assim, o tempo necessário para se produzir uma tonelada de clínquer passou de quarenta horas em 1870 para cerca de três minutos atualmente.

Ao que parece, a *villa* Lebrun em Marssac-sur-Tarn, edificada em 1828 pelo engenheiro François-Martin Lebrun, foi a primeira construção realizada totalmente em concreto desde a Antiguidade.[11] Lebrun foi o primeiro na França a empreender a construção de grandes edifícios de concreto, como o paço municipal de Gaillac e inúmeras pontes. Outros países também assistiram ao surgimento de construções de concreto.

No entanto, esse novo material — que continuava a ser utilizado de maneira tradicional — nunca teria possibilitado o impulso do concreto tal como é usado hoje. Ainda era difícil realizar construções de maior porte, apesar das experimentações contínuas. O elemento decisivo viria de outro canto.

UM BARCO DE... PEDRA

Em 1855, durante a Exposição Universal de Paris, os visitantes puderam notar um curioso objeto: um barquinho que parecia ser *de pedra*. Era mais precisamente um barco feito de argamassa, dotado de uma armação em grades de ferro, que flutuava de fato na água e tinha sido feito para navegar em lagos. O barquinho não despertou muito interesse, ao que parece. Seu inventor, Joseph-Louis Lambot, já vinha fazendo havia mais de dez anos experiências com vasos de plantas, reservatórios e barcos, que possuíam um esqueleto de ferro coberto com argamassa. Em 1855,

11 Essa *villa* ainda existe.

ele patenteou seu procedimento com o nome de "ferrocimento", sem obter o sucesso pretendido. Entretanto, o princípio do concreto armado tinha nascido. Só era preciso conseguir aplicá-lo em escala maior.

Esse marco foi alcançado pelo jardineiro francês Joseph Monier. A partir de 1867, ele registrou várias patentes — para construir vasos de laranjeiras e reservatórios de água, depois escadas, pequenas pontes, tubos e até "casas fixas e portáteis". Ele não soube realmente tirar todo o proveito de suas patentes e morreu na pobreza, mas o princípio do concreto armado que ele criara sobreviveu e foi chamado durante um tempo de "Moniereisen" (ferro Monier) na Alemanha. Com efeito, depois de terem comprado suas patentes, empresas alemãs usaram sistematicamente o concreto armado, em especial na construção do Reichstag em Berlim (1884-1894).

Logo depois, o engenheiro François Hennebique elaborou métodos de cálculo do concreto armado e registrou patentes tratando de resolver o problema da repartição das tensões no nível das armações metálicas. Ele fundou um dos primeiros escritórios de estudos especializados nesse material. A partir de 1892, milhares de edifícios foram estudados e averiguados por sua empresa. Por meio de suas sucursais, Hennebique manteve um quase monopólio da concepção dessa técnica de construção, não somente na França, mas também na maioria dos países industrializados e suas colônias. Ele instaurou o "sistema Hennebique", que contribuiu fortemente para o desenvolvimento e o sucesso desse novo material, e lançou em paralelo a revista *Le Béton armé*, publicada até 1939. Assim, o concreto já não servia apenas para realizar algumas partes das obras, sobretudo nas fundações, onde era de fato mais eficiente, mas para construções de ponta a ponta.

Houve um período de transição entre o emprego do cimento hidráulico (de tipo Portland) e do concreto armado, com a casa que o empreiteiro François Coignet fez em Saint-Denis em 1853, hoje classificada como patrimônio histórico. Ela foi construída com blocos de concreto aglomerado, uma imitação da pedra que ele tinha acabado de inventar: um concreto colocado em pequenas fôrmas, às vezes chamada "pedra líquida". É interessante notar que uma comissão de arquitetos que visitou o edifício ressaltou os dois aspectos seguintes: por um lado, o uso de materiais de menor valor do que os usados tradicionalmente e, por outro, a substituição dos operários qualificados por serventes. É a marca de toda a epopeia do concreto armado: prescindir do conhecimento prático, ou *savoir-faire*, dos artesãos profissionais e economizar na qualidade dos materiais. É igualmente interessante assinalar que Coignet era um "fourierista" moderado que tinha lutado para conseguir crédito barato para o povo e proposto, em 1848, uma reorganização do trabalho fundada na "associação livre e voluntária entre patrões e operários". Em 1855, ele escreveu que, graças à sua invenção, "era possível realizar a baixo custo a regeneração dos bairros pobres construindo ali casas que, mantendo a elegância da forma, o conforto interior e ao mesmo tempo salvaguardando o interesse do proprietário, permitiriam proporcionar aos operários, por um valor de aluguel inferior, moradias mais alegres, mais sadias, maiores do que as que a burguesia consegue a peso de ouro na rua de Rivoli".[12] Em 1861, ele anunciou que seu concreto estava destinado a "transformar a segurança, o bem-estar, a saúde e a moral da humanidade".[13] Ele levantou, com a mesma técnica e na mesma rua de sua casa, um prédio com 73 unidades habitacionais de qualidade para seus operários. Foi, assim, o primeiro representante do elo precoce entre o concreto e a burguesia progressista, entre

12 *L'ami des sciences*, 14 out. 1855, p. 428, citado na nota biográfica dedicada a Coignet, disponível em: www.charlesfourier.fr/spip.php?article1004#nb15. A nota lembra que ele foi considerado em 1848 pela burguesia lionesa como um perigoso "anarquista revolucionário". Lembremos que uma parte dos fourieristas evoluiu, depois de 1848, para um reformismo paternalista que desembocou, entre outros, no Familistério de Guise (Aisne).

13 Citado em Adrian Forty, "'Concrete? It's Communist': the Rise and Fall of the Utopian Socialist Material", *The Guardian*, 27 fev. 2019.

o "concreto" e as "moradias para todos". Um elo que encontraremos ao longo desta história. Os custos reduzidíssimos de seu concreto em relação à pedra e ao tijolo — sua patente dizia respeito a um "concreto econômico" — lhe permitiram receber inúmeras encomendas durante o Segundo Império (1852-1870). Ele usou barras e fios de ferro antes de Monier, mas de maneira não sistemática (um concreto levemente armado, moldado em painéis). Os diferentes aspectos da criação de que tanto se orgulhava — materiais baratos, facilmente disponíveis, que exigiam apenas pouco conhecimento prático, ou *savoir-faire* — tinham tudo para agradar tanto aos industriais quanto aos "autoconstrutores" do mundo todo, que agora podiam "presentear-se", a moderado custo, com uma casa de praia, uma cabana no meio do deserto ou um barraco numa favela...

Foi a partir desse momento que os técnicos do concreto armado, também chamado de "pedra artificial", começaram a substituir os métodos tradicionais de construção e a mudar a face do mundo.

— CAPÍTULO 2 —

Os adeptos e os (raros) adversários do concreto

A passagem dos vasos de flores de Lambot e de Monier às gigantescas barragens de concreto armado não se deu da noite para o dia.

Da mesma forma que o desenvolvimento técnico do concreto armado foi bastante gradual, cerca de setenta anos se passaram até que o concreto conquistasse, a partir da década de 1950, o lugar central que ocupa ainda hoje. De início, ele servia principalmente para realizar uma parte dos edifícios, sobretudo as fundações. Por isso é difícil dizer quais foram as "primeiras" construções em concreto armado, e existe até uma competição um tanto ridícula em torno desse troféu. Parece que nos Estados Unidos a primazia fica com uma loja de departamentos de São Francisco, a Arctic Oil Company, concebida em 1884 e demolida em 1930. Seu arquiteto, Ernest Ransome, construiu na mesma cidade uma ponte de concreto armado (de apenas vinte metros de comprimento). Outras fontes citam o solar privado de William E. Ward, erguido perto de Nova York em 1874, como a primeira construção inteiramente em concreto armado em solo estadunidense. Nessa época, ressaltava-se principalmente a resistência do concreto armado ao fogo (de maneira exagerada, aliás, porque, se o concreto em si mesmo não queima, as armaduras deformam-se com o calor). Datando de 1903, o Ingalls Building em Cincinnati, Ohio, com seus dezesseis andares, foi o primeiro arranha-céu em concreto armado. Essa técnica permanecia, porém, controversa, porque seus adversários duvidavam da estabilidade das construções.

SERÁ QUE O CONCRETO É PROLETÁRIO?

Durante as primeiras décadas de sua utilização, o concreto armado era empregado (ao menos na França) tanto nas obras públicas e nas obras de engenharia civil quanto na construção de moradias para as classes populares — às quais o Estado começara a dar atenção a partir do Segundo Império (o primeiro projeto de moradia social foi instalado na avenida Daumesnil em Paris, em 1867). Nas casas burguesas sua aceitação foi bastante lenta, e só era aplicado nas partes menos visíveis. O concreto era coisa de "pobre", dados seu custo baixo e seu uso em construções para as massas. Os elementos mais conservadores da burguesia continuaram durante muito tempo a julgá-lo suspeito em função de seu caráter "interclassista". Pode-se interpretar essa desconfiança de duas maneiras: afirmando que parte dos dominantes sempre teve dificuldades para compreender seus próprios interesses, identificando-se antes de tudo com o imobilismo e com o culto do passado, fazendo assim a alegria dos "progressistas" perante os quais se apresentam como a contraposição; ou que certos membros da burguesia têm ao menos o mérito de não se deixarem levar por cada inovação e assim defenderem uma pequeníssima parte da beleza criada pela humanidade antes do capitalismo industrial.

Inversamente, o fato de as classes populares estarem cada vez mais amontoadas em construções de concreto engendrava, dentro da esquerda, a convicção de que havia um quê de "proletário" e de "progressista" nesse material. O higienismo, tão frequentemente reivindicado pelos promotores do concreto e cujos beneficiários seriam as classes populares, penetrava também nas ideologias da esquerda. Desde os anos 1920, governos locais social-democratas na Alemanha e nos Países Baixos recorreram ao concreto no âmbito de vastos programas de construções públicas.

Até o fim da Segunda Guerra Mundial, o concreto armado continuava sendo apenas um material dentre tantos outros.[14] Nem mesmo os arranha-céus precisavam necessariamente dele. O Empire State Building, que foi concluído em 1931 e permaneceu até 1972 como o edifício mais alto do mundo, é composto de uma ossatura metálica revestida de materiais (sobretudo tijolos, pedra e concreto não armado) que a protegem do fogo. Os casarões suburbanos do período entreguerras na França, cujo financiamento foi facilitado pela Lei Loucheur de 1928, com o objetivo de possibilitar o acesso das camadas mais abastadas da classe trabalhadora à propriedade, eram principalmente de pedra: os novos proprietários queriam casas "de verdade", como os burgueses.

Demorou para que o concreto armado revolucionasse a arte de construir. Em seu livro *Les Maisons de Paris*, Jacques Fredet explica que o material foi inicialmente integrado aos modos de construção tradicionais, tanto no plano técnico quanto no da organização do trabalho, seja no próprio canteiro de obras ou no conjunto da cadeia que começa pela produção dos ingredientes. A verdadeira "revolução" aconteceu na França depois de 1945, com a industrialização de todo o setor e as construções "monolíticas", ou seja, não mais mistas, mas erigidas exclusivamente em concreto. Acerca da casa parisiense, Fredet afirma (e essa reflexão vale sem dúvida também para outros lugares):

> As técnicas de construção em voga entre 1850 e 1950 têm uma evolução lenta, sem ruptura [...]; o ferro industrial, depois o concreto armado entram pouco a pouco na construção de moradias ordinárias, sem afetar o conjunto de sua concepção, e a distribuição do espaço

14 O historiador da arquitetura Jacques Fredet ressalta que alternativas eram possíveis: "Notemos também que o impulso do concreto armado acabou com a maioria das técnicas de alvenaria em tijolo mais ou menos armado, abundantemente utilizadas na Grã-Bretanha, na Bélgica e na Alemanha, durante o último terço do século XIX, assim como com as maneiras de associar ossatura metálica e alvenarias, chamadas de catalã" (Fredet, v. 1, 2003, p. 205, nota 68).

doméstico apresenta uma forte inércia em relação às mudanças trazidas pela Revolução Industrial. Os materiais novos são empregados de modo similar aos antigos, como simples substitutos, o ferro substitui a madeira, as peças de concreto armado sendo principalmente usadas em ossaturas, numa lógica similar às peças de carpintaria; mas o ferro e o vidro são assimilados com muito mais rapidez que o concreto armado, o que pode se dever às Exposições Universais que os popularizam e também ao fato de que a utilização do ferro se dá quase sempre associada com as alvenarias tradicionais (pedra de cantaria, tijolo...). [...] As tarefas executadas mudam pouco e a organização do trabalho nos canteiros de obras permanece muito próxima daquela da época pré-industrial. (Fredet, v. 1, 2003, p. 78)

Dentre todas as evoluções do concreto armado, a mais importante foi a criação do "concreto protendido" pelo engenheiro francês Eugène Freyssinet, em 1928. Consiste no uso de cabos revestidos de concreto e permite evitar, tensionando o concreto antes do uso, as tensões estruturais que se manifestavam nos componentes de partes estruturais em concreto. Essa técnica é sobretudo aplicada na construção de pontes e se apresenta sob duas formas: a pré-tensão e a pós-tensão (mais raramente usada, porque é mais complicada). Ela também torna possíveis economias notáveis ao reduzir a quantidade de materiais necessários.

Logo também apareceu o "imperialismo" do concreto armado, ou seja, a tentação de querer transformá-lo numa espécie de "material universal". Em 1906, o inventor estadunidense Thomas Edison (que é tido por inventor da lâmpada elétrica, mas também da cadeira elétrica) empreendeu a produção em série de casas de concreto armado resistentes ao fogo e aos tremores de terra (foi o ano do grande terremoto em São Francisco, que deixou profundas marcas nas pessoas) e também ao cupim e à ferrugem. Até a mobília, a geladeira e os móveis do fonógrafo tinham que ser de concreto! Edison dizia: "Ainda viverei o dia em que a casa de um trabalhador poderá ser construída de concreto numa semana. Se eu conseguir isso, poderão sair das favelas todos os que merecerem".[15] Nessa perspectiva, anunciou que daria de graça sua tecnologia patenteada (ele era obcecado por patentes) a quem prometesse reservar a maioria dessas novas moradias a operários sem lucrar mais de 10%. Apesar de um anúncio tão atraente, pouquíssimas casas do tipo foram efetivamente construídas — assim como no caso do projeto Cement City lançado em 1916 em Donora, no sul de Pittsburgh, que ficou inacabado.

Estamos acostumados a associar o concreto armado às construções geométricas, ao funcionalismo, ao construtivismo, ao racionalismo e a arquitetos como Le Corbusier, e até ao "brutalismo". No início, porém, o concreto armado não trouxe uma grande mudança estética. A Ward House de 1874, por exemplo, era uma mistura de estilo neogótico e Segundo Império. Na Itália, as primeiras construções em concreto armado foram casarões de estilo Liberty (Art Nouveau), como o Palazzo Bellia em Turim (1898). Também não faltavam ornamentos, e os defensores da arquitetura "orgânica" recorriam igualmente a ele. Foi o caso de Frank Lloyd Wright (que usou o concreto a partir de 1905, por exemplo, no Unity Temple em Oak Park, Illinois, que não deixa de ter certa elegância), mas também de Erich Mendelsohn, o arquiteto da Torre Einstein em Potsdam, que costuma ser qualificada como "expressionista" (ela foi parcialmente construída em concreto armado e logo precisou de grandes reparos).

O Teatro dos Champs-Élysées foi construído em 1903 por Auguste Perret num estilo chamado pouco depois de *art déco*. Sua estrutura é toda de concreto armado. No entanto, é significativo que a fachada seja de mármore. Com efeito, durante muito tempo o concreto não era considerado muito "bonito" de ser visto e acabava sendo coberto por outros materiais mais "nobres", ou por tijolos. Perret se tornou em seguida, até o fim de sua longuíssima

15 Nick Van Mead, "A Brief History of Concrete: From 10.000 BC to 3D Printed Houses", *The Guardian*, 25 fev. 2020.

carreira, um apóstolo do "concreto que se basta a si mesmo". "Meu concreto", escrevia ele em 1944, "é mais bonito do que a pedra. Ele é trabalhado por mim, burilado por mim [...] faço dele uma matéria que supera em beleza os revestimentos mais preciosos." Mas ele se mantinha apegado a um certo classicismo nas formas que o fazia parecer incoerente aos olhos do movimento "modernista", que passaria a predominar no mesmo período.

SERÁ QUE O CONCRETO É DE VANGUARDA?

Embora o triunfo absoluto do concreto seja consecutivo à Segunda Guerra Mundial, pode-se notar que algumas das teorizações mais importantes nesse campo apareceram entre 1910 e 1940. E isso essencialmente por obra das vanguardas artísticas e arquitetônicas.

Os futuristas italianos podem se gabar, para o bem e para o mal, de terem inventado em 1909, impulsionados sobretudo por Tommaso Marinetti, o conceito de uma vanguarda organizada como um partido político e como um projeto de renovação global da vida em todos os seus aspectos. Daí a necessidade de conceber uma arquitetura futurista, ainda que ela só tenha ficado no estágio dos desenhos. Os projetos mais ambiciosos vieram das mãos de Antonio Sant'Elia, que praticamente nunca construiu nada durante sua curta vida e morreu na guerra aos 28 anos, em 1916. Inúmeros arquitetos, como Le Corbusier, Richard Buckminster Fuller e os do movimento De Stijl, e cineastas como Fritz Lang (*Metrópolis*) e Ridley Scott (*Blade Runner*) se inspiraram nele. Em seu *Manifesto dell'architettura futurista* (1914), ele a define como uma arquitetura do cálculo, da audácia temerária e da simplicidade; a arquitetura do cimento armado, do ferro, do vidro, da massa de papelão e de todas as matérias que podem substituir a madeira, a pedra e o tijolo de maneira útil no sentido de obter o máximo de elasticidade e leveza".[16] A obsolescência programada das construções modernas é aqui elevada ao nível de programa positivo. Toda construção será "caduca e transitória. As coisas precisam durar menos que nós. Cada geração precisa construir a própria cidade". Ele prevê, enfim, que a "casa futurista será similar a uma máquina gigantesca". De fato, a organização alveolar, o uso dos terraços e o tráfego nas partes térreas prefigurarão as soluções de Le Corbusier.

Encontramos um programa ainda mais grotesco no curto manifesto *Por uma sociedade de proteção das máquinas* (ou carros, já que a palavra italiana *macchina* designa os dois objetos), redigido em 1927 pelo publicitário futurista italiano Fedele Azari (1895-1930). Ele se indigna contra o péssimo tratamento infligido aos motores da parte de motoristas incapazes ou insensíveis, e prevê um futuro "inteiramente geométrico, mecânico, artificial, automático", sem trabalho manual, sem "pobreza e, assim, sem luta de classes". Ele anuncia — com entusiasmo — a inteligência artificial, os automóveis sem motorista, a substituição da alimentação vegetal e animal pela "alimentação artificial", o desaparecimento total dos animais, as cidades sem pedra, tijolo e gesso, sem árvores, jardins e animais, mas feitas "de concreto armado, de aço e de cristais",[17] assim como de "*macchina, maccchina, macchina, macchina, macchina*". Nem ele imaginava o que estava por vir...

Na ânsia de jogar por terra o velho mundo e construir um novo, as mais extremistas das vanguardas consideravam o concreto armado a arma ideal. Isso pode ser visto de maneira pragmática no pintor Kazimir Malevich, que antes da revolução de 1917 tinha passado do futurismo russo ao "suprematismo", tentando

16 Citado em "L'Architecture futuriste. Maquettes et conclusions du célèbre manifeste de l'architecte Sant'Elia lancé dans le monde entier le 11 juillet 1914", *Rivista d'arte futurista*, 10 nov. 1912, 1925. No texto original em italiano, são as *case* (casas) e não as *cose* (coisas) que precisam durar menos que nós.

17 O curioso desejo de uma cidade sem nenhuma presença vegetal já se encontra em Baudelaire (1869 [2020]).

apreender os fundamentos da realidade com formas geométricas dinâmicas. Ninguém expressou melhor que ele o desejo de começar tudo do zero, até mesmo na arquitetura. Sua proposta era reconstruir Leningrado como uma "cidade americana", a fim de criar uma "mentalidade americana". Em seu panfleto *Une architecture qui gifle le béton armé* (Malevich, 1996, p. 299-305), escrito em abril de 1918, ou seja, pouco depois do começo da Revolução Russa, ele ataca a estação de trem de Kazan em Moscou, então em construção, cujo estilo "neorrusso" e *art nouveau* "era uma ofensa", segundo ele, ao concreto armado, no sentido de que não levava em conta a contribuição trazida pelo novo material apresentado por Malevich como a essência da modernidade à qual os futuristas querem aderir, porque "nosso século é o século do concreto armado". Assim, ele escreve que "cada século corre mais rápido que o século que o precede, assume uma carga mais pesada, forja para si estradas de concreto armado", e também que "o futurismo esboçou as novas paisagens de alternância rápida das coisas na época atual, expressou nas telas todo o dinamismo da vida do concreto armado".

Depois de 1918, Malevich abandonou a pintura durante mais de dez anos para se dedicar à aplicação do suprematismo — que, para ele, constituía uma filosofia, não uma escola de pintura — em outros campos, dentre os quais a arquitetura. Em seus desenhos e maquetes, a extrema geometrização acaba se transformando numa dimensão onírica e fantástica que não deixa de ter certo charme. Seus projetos nunca chegaram a se concretizar, assim como as propostas arquitetônicas e urbanísticas que daí extraiu seu aluno El Lissitzky (os *prouns*, elementos de base reprodutíveis em todas as escalas).

Construtivistas russos como Tatlin, Rodchenko e El Lissitzky — influenciados por Malevich, apesar de serem seus rivais — pregavam uma estética industrial afirmando que a fábrica era a "casa do proletário". Toda e qualquer forma de decoração, de ornamento, e até qualquer busca pela beleza eram tidas como um "luxo dos ricos", uma superfluidade reservada apenas às classes abastadas, enquanto a arquitetura "democrática" ou "socialista" tinha que utilizar os recursos disponíveis para garantir o essencial — quatro paredes e um teto — a cada pessoa, abrindo mão de qualquer estética. Ou então, e estava aí o grande desafio dos construtivistas tanto no lado oriental quanto no lado ocidental, propunha-se uma nova estética, "moderna" ou "proletária" segundo a orientação política, uma "estética da máquina" que visava educar os gostos do público e incentivá-lo a aceitar novos elementos técnicos, como as estruturas em aço das construções, e seus materiais — o concreto, o vidro, o acrílico, o aço — como "novas" formas de beleza, exaltadas principalmente por sua "pureza" e ausência do "supérfluo". O Monumento à Terceira Internacional, imaginado por Vladimir Tatlin em 1919, era (ou melhor, teria sido) o exemplo mais acabado disso. Seria construído em metal (cabos e perfis).

A eliminação da diversidade arquitetural e a uniformização mundial foram chamadas em seu tempo de "estilo internacional", identificado essencialmente com o funcionalismo, cuja origem pode ser encontrada na publicação do livro *Ornamento e crime*, do austríaco Adolf Loos, em 1908. O estilo internacional se desenvolveu no entreguerras, sobretudo com a escola Bauhaus e a influência de Le Corbusier (esta primeira fase é também conhecida pelo nome de "Movimento Moderno"). Ele praticamente monopolizou o mundo da construção entre o fim da Segunda Guerra e os anos 1970, constituindo a face arquitetônica da sociedade fordista-keynesiana dos "Trinta Gloriosos". Como seu nome indica, o estilo internacional (o termo foi criado em 1932 por Philip Johnson)[18] pretendia superar as fronteiras locais e nacionais e ter a mesma forma em toda parte. Esse projeto de uniformização podia até se justificar no começo, numa época em que o nacionalismo tinha repercussões até mesmo nas artes e comumente se acreditava que a arte de um "povo" reflete sua "alma". Assim, os

18 É curioso constatar que esse estilo, que se propunha a superar as limitações geográficas e culturais e os limites nacionais, foi batizado assim por alguém que era um fervoroso admirador de Hitler.

pintores expressionistas do grupo Die Brücke, como Emil Nolde, opunham a "profundidade" de sua "arte alemã" à "superficialidade" do impressionismo francês; os artistas franceses, por sua vez, ressaltavam a superioridade de seu "classicismo" fundado na harmonia e no equilíbrio. Os construtivistas alemães (Bauhaus), holandeses (De Stijl) e russos desejavam, pelo contrário, constituir uma arte de cooperação internacional e de espírito fraterno. Falava-se então de "internacional geométrica" — sob o pretexto de que não há nada mais universal que a geometria. Mas, nesse aspecto, como em tantos outros, as vontades emancipadoras das vanguardas finalmente acabaram contribuindo para a modernização do capitalismo. Até que ponto o verme já estava na fruta, eis uma questão que suscita um debate infinito...

O concreto também já teve adeptos inesperados. Nas escolas ditas antroposóficas, ou Steiner-Waldorf, não existem brinquedos de plástico, somente de madeira. Toda a antroposofia — mística fajuta fundada no início do século XX que conta ainda hoje com inúmeros adeptos — repousa no culto da "natureza". Entretanto, seu fundador, Rudolf Steiner, construiu o templo da antroposofia, o Goetheanum, em Dornach (Suíça, 1925-1928), em concreto armado. Esse edifício é até considerado uma obra pioneira em razão de certas soluções técnicas adotadas em sua construção. Imaginava-se que o concreto criaria uma harmonia com as montanhas do entorno! A arquitetura das escolas "steinerianas" (mais de mil em todo o mundo) reproduz em geral essa curiosa mistura de formas "orgânicas" (poucos ângulos retos) e concreto armado.

Ernst May (1886-1970) participou da criação de uma verdadeira orgia de moradias de massa em concreto armado e tijolo. Esse arquiteto alemão, próximo da Bauhaus, organizou entre 1925 e 1930 em Frankfurt, impulsionado pela prefeitura social-democrata, a construção de cerca de quinze mil moradias populares segundo o princípio do "mínimo vital" (*Existenzminimum*), que corresponde mais ou menos ao que os situacionistas chamariam algumas décadas depois de "sobrevivência ampliada". Era possível encontrar ali uma das primeiras formas de "cozinha equipada", desenvolvida pela arquiteta comunista Margarete Schütte-Lihotzky com base no modelo das cozinhas dos vagões-restaurante.[19] Ela pretendia criar uma verdadeira taylorização — uma mecanização e uma padronização extremas inspiradas pela fábrica — das atividades domésticas, já experimentada havia várias décadas nos Estados Unidos e que partia do princípio de que cozinhar é um trabalho como qualquer outro e pode assim ser industrializado. A questão era, de agora em diante, reproduzir esse modelo em grande escala:

> A moradia coletiva subsidiada se constitui no terreno ideal de experimentação, uma vez que essa mecanização das atividades domésticas se traduz por uma redução das superfícies em relação aos padrões do apartamento burguês, que é o modelo que a maioria das pessoas ainda considera; alguns toques de cor local tornam possível adaptar esses dispositivos espaciais e equipamentos de grande consumo a uma clientela nativa particular. (Fredet, v. 1, 2003, p. 137)

Naturalmente, Le Corbusier não perdeu a chance de utilizar um sistema parecido em suas "máquinas de morar". Essas reformas, empreendidas pelas próprias mulheres, eram motivadas por uma mistura precursora de feminismo (a ideia era libertar as mulheres das atividades domésticas) e uma vontade de "permitir" que as mulheres pudessem ter acesso ao mercado de trabalho. Observa-se aqui uma tendência muito típica da modernidade: em lugar de colocar em discussão os dados sociais, como a divisão das atividades domésticas ou a exiguidade dos espaços alocados às famílias operárias, a aposta é numa melhora puramente técnica da situação.

19 Assim como Le Corbusier se inspirou, de maneira mais "aristocrática", no "transatlântico, onde o espaço exíguo e racional da cabine convive com a opulência dos salões e dos conveses" (Barancy, 2017, p. 56).

O sucesso foi enorme. Convidado à União Soviética em 1930, May supervisionou a construção de cidades industriais inteiras, muitas vezes perdidas no meio do nada, que forneceriam um milhão e meio de moradias pré-fabricadas. Mas ele deixou o país em 1933, e, por diversas razões, somente uma pequena parte das moradias foi efetivamente entregue.

SERÁ QUE O CONCRETO É FASCISTA?

O concreto armado perdeu seu estatuto um pouco marginal, às vezes quase suspeito, com o racionalismo e o funcionalismo dos anos 1920 — especialmente graças ao arquiteto suíço Charles-Édouard Jeanneret-Gris, chamado Le Corbusier. A lista dos malfeitos desse sinistro indivíduo já é bem conhecida por todos aqueles que têm olhos para ver; seus admiradores mais fanáticos, em contrapartida, não se deixam convencer por argumento algum. Aluno de Auguste Perret, que o iniciou no concreto, Le Corbusier permaneceu fiel a esse material — empregando-o até nos armários das moradias cujas construções ele projetava, como "móveis fixos". Aliás, ele tomou emprestadas muitas das ideias de Adolf Loos e dos construtivistas russos (que sonhavam com uma "cidade-máquina"), despindo-as, é claro, de qualquer aspecto autenticamente "utópico". Se o tivessem deixado fazer o que quisesse, o centro histórico de Paris teria sido arrasado para dar lugar a séries de arranha-céus (como previa o Plano Vizinho que ele apresentou em 1925). Outras cidades, como Marselha, teriam tido destino similar. As calçadas deveriam ser abolidas, impedindo assim qualquer encontro, e as cidades, construídas em função dos carros.[20]

20 No prefácio de sua obra de juventude *Urbanismo* (1925), Le Corbusier evoca a sensação de esmagamento que nele provocava o tráfego dos automóveis na avenida Champs-Élysées enquanto tentava passear: "Saímos de casa e, passada a soleira,

Sendo assim, toda e qualquer possibilidade de revolução ficava também excluída: "Arquitetura ou revolução. É possível evitar a revolução", como ele observava na conclusão de seu primeiro livro escrito em 1923 *Por uma arquitetura* (Corbusier, 2005, p. 243 [2011, p. 205]). Até mesmo as distâncias entre os cruzamentos deviam ser aumentadas para otimizar o funcionamento dos motores, segundo *A carta de Atenas*. Em grande medida redigida por Le Corbusier, ela resumia em 1933 os princípios fundamentais do IV Congresso Internacional de Arquitetura Moderna, especialmente a "zonagem" segundo quatro "funções" (vida, trabalho, lazeres e infraestruturas de transporte):

> As distâncias entre os cruzamentos das ruas são muito pequenas. Para atingir sua marcha normal, os veículos mecânicos precisam do arranque e da aceleração gradual. A freada não pode intervir brutalmente sem causar um desgaste rápido de seus principais órgãos. Dever-se-ia, portanto, prever uma unidade de extensão razoável entre o local do arranque e aquele onde a freada torna-se necessária. Os cruzamentos das ruas atuais, situados a 100, 50, 20, ou mesmo 10 metros de distância uns dos outros, não convêm à boa progressão dos veículos mecânicos. Espaços de 200 a 400 metros deveriam separá-los. (Corbusier, 1951, *apud* Fredet, 2003 [1993])

...

sem transição, eis que nos vemos tributários da morte: os automóveis passam [...], já esquecemos a alegria de viver (aquela boa e velha alegria secular de se deixar levar tranquilamente por suas pernas); ficamos absortos numa atitude de bicho acuado, salve-se quem puder cotidiano". Difícil dizer melhor! Ele se lembra de sua juventude, vinte anos antes, quando a rua era dele e de seus amigos que cantavam e conversavam, enquanto "o ônibus puxado a cavalo rodava vagarosamente" (Corbusier, 1994, p. II-III [1992, p. II-III]). Sua reação, no entanto, indica o que se chama em psicologia "identificação com o agressor": se os carros são mais fortes, é preciso ficar ao lado deles e abolir a calçada. O próprio Le Corbusier também queria esmagar os outros para fazer "parte desta sociedade que desponta no horizonte" (Corbusier, 1994 [1992]).

O que nos leva de volta à *Sociedade de proteção das máquinas* citada anteriormente... Nem é preciso entrar nos detalhes: se o próprio Le Corbusier define suas moradias como "máquinas de morar" ou "células habitacionais", onde a superfície necessária para uma pessoa é fixada em catorze metros quadrados, nem mesmo o crítico mais veemente teria encontrado melhor argumento! Seu "modulor", um parâmetro de cálculo baseado no corpo humano, é festejado por ter dado "proporções humanas", e até humanistas, às construções. Não é difícil ver que se trata de simples *ergometria*, ou seja, uma forma de medir nos mínimos detalhes as capacidades "úteis" do homem que constitui o prolongamento da "gestão científica do trabalho", inventada no fim do século XIX pelo engenheiro Frederick Taylor e aplicada nas fábricas da Ford onde, em 1913, foi introduzida a linha de montagem. Aliás, Le Corbusier não fazia mistério quanto à sua admiração pelo taylorismo.

Se nos limitássemos a ler as descrições e a acreditar nas mostras de boas intenções, tudo seria bom demais no modernismo, em Le Corbusier e até no brutalismo: uma arquitetura para todos, modulável segundo as exigências dos habitantes; luz do sol em todo canto (dentre os mandamentos de Le Corbusier, o sol está em primeiro lugar); jardins nos telhados e muito verde; aproximação da moradia e do local de trabalho; muitos espaços verdes entre as casas; variações na disposição dos cubos que formam cada edifício (modelo Lego)... Mas supervisionar a organização da felicidade se revela tão insensato quanto obrigar as pessoas a festejar, a apreciar a natureza ou a fazer amor, ditando-lhes exatamente como deveriam agir — o que não passa de uma engenharia da felicidade, uma "engenharia das almas". O funcionalismo considerava "biológicas" — fisiológicas e eternas — funções e necessidades que, em verdade, são sociais e pertencem ao capitalismo: especialmente o trabalho. Le Corbusier coloca como evidência que a cidade está a serviço do trabalho, que constituiria o alfa e o ômega da vida social. As ruas são urbanizadas como "fábricas". O meio natural é reduzido à noção de "espaço verde";

os pilotis das construções afastam da terra e impõem um corte em relação à natureza. Apesar dos anúncios de Le Corbusier, paisagem e arquitetura entram em competição, e até em guerra. O concreto armado representa, assim, a arma ideal: é o material de construção menos "natural". Uma das ideias mestras do arquiteto, o jardim no telhado, é um mundo pelo avesso e prefigura a criação animal intensiva ou os arranha-céus "verdes".

Os estetas podem se empolgar com a *villa* Savoye em Poissy ou com a capela Notre-Dame du Haut em Ronchamp (essas construções de Le Corbusier estavam de toda forma destinadas aos mais endinheirados ou à Igreja). Para o comum dos mortais, só restava a arquitetura carcerária das "cidades radiantes", logo transformadas em lugares de abandono e miséria. Mas a verdade mais assustadora sobre sua arquitetura se encontra provavelmente no que restou da cidade administrativa de Chandigarh, na Índia, hoje de uma repugnância inverossímil.[21] Ela demonstra também o absurdo de uma arquitetura idêntica no mundo todo: o clima tropical rapidamente se mostrou mais forte que o concreto. Le Corbusier propunha, segundo ele próprio, "uma única casa para todos os países, todos os climas: a casa de respiração exata" (*apud* Barancy, 2017, p. 63).

Tardiamente, ele construiu para si em Roquebrune-Cap-Martin, ao longo da Côte d'Azur, uma espécie de cabana revestida de madeira, um tanto diferente das células de habitação destinadas ao resto da população. Quando sabemos que Henry Ford, depois de ter inundado o mundo de carros, refugiou-se numa montanha, quase dá para acreditar que certos indivíduos se dão conta dos horrores da sociedade em que vivem, mas, estimando que é impossível impedi-los, preferem tirar proveito da situação para angariar meios de escapar individualmente.

21 Uma exposição fotográfica mostrando a deterioração de Chandigarh constituiu, há muito tempo, uma das primeiras motivações para que eu escrevesse este livro. Outro elemento foi a visita à Fundação Suíça na Cidade Universitária de Paris, construída por Le Corbusier em 1933 e tão acolhedora quanto uma geladeira.

Hoje já se conhecem os detalhes da colaboração de Le Corbusier com os movimentos fascistas franceses do Faisceau e do Redressement National (inspirados por Georges Sorel e o corporatismo mussoliniano) nos anos 1920, no momento em que o oportunismo não podia ser usado como justificativa para uma escolha dessas, porque esses movimentos eram muito pequenos; sua participação nos motins da extrema direita em Paris no ano de 1934; suas observações e caricaturas antissemitas; sua manifesta admiração por Mussolini e sua simpatia por Hitler (pelo menos numa carta dirigida à sua mãe); suas intrigas em Vichy para se tornar arquiteto no séquito de Pétain; sua obsessão por toda forma de ordem e autoridade; sua adesão ao eugenismo (ele queria fazer "haras de crianças" e defendia o respeito das "hierarquias naturais"); sua visão biologista do ser humano; seu horror pelo "povo", que deveria se deixar guiar por uma elite tecnocrata.[22]

Visivelmente, há semelhanças entre os "casos" Le Corbusier e Heidegger.[23] Mas não basta lamentar o fato de um "grande pensador" como Heidegger ter se perdido no nazismo (depoimentos cada vez mais arrasadores não param de se acumular sobre esse assunto), afirmando que ele foi um filósofo de primeira linha. É preciso, isso sim, reconhecer que sua filosofia era essencialmente um blefe e não mereceria tanto interesse, mesmo que ele nunca tivesse tido nada a ver com o nazismo. O mesmo vale para Le Corbusier: ainda que ele não tivesse sido próximo dos primeiros fascistas franceses, e mesmo que ele não tivesse raste-

22 Ver Jarcy (2015) e Perelmann (2015). Os zeladores de Le Corbusier ficaram em polvorosa quando do lançamento desses livros e usaram uma artilharia pesada, especialmente porque temiam que a revelação das facetas escondidas do ídolo comprometesse a aceitação de suas obras na lista do patrimônio mundial da Unesco (que aconteceu apesar de tudo). Ver também Jarcy & Perelmann (2018). As primeiras revelações referentes a suas simpatias fascistas já tinham sido feitas nos anos 1980, em particular no mundo anglo-saxão, mas sem repercussões na França.

23 Como ressalta, por exemplo, Emmanuel Faye em seu prefácio à coletânea *Le Corbusier. Zones d'ombre* (Jarcy & Perelmann, 2018).

jado diante de Pétain, suas construções continuariam cheirando a totalitarismo, eugenismo, engenharia social, segregação social e à fúria destruidora que caracterizavam os programas fascistas.[24]

O caso de Le Corbusier é na verdade bem mais grave que o de Heidegger, porque a maioria das pessoas nunca ouviu falar de Heidegger (com exceção dos que frequentam as universidades). E a vida delas não teria absolutamente sofrido qualquer mudança se seus escritos nunca tivessem existido. Em contrapartida, é raro que um habitante de uma grande cidade não dê de cara cotidianamente com um edifício que, se não foi construído pelo próprio Le Corbusier, foi por um de seus inúmeros discípulos. É importante lembrar que, de todas as "artes", a arquitetura é de longe a que tem o impacto mais profundo na vida dos indivíduos — diferente de um livro, não é possível fechá-la; diferente de uma pintura, não é possível se abster de vê-la; diferente da música, não é possível desligá-la ou baixar seu volume; diferente de um jornal, não é possível jogá-la fora. A moda relativa ao vestuário e ao design dos objetos é também muito presente no dia a dia, mas é possível escolhê-la até certo ponto. No início de sua conferência "Funcionalismo hoje" (1965), Theodor W. Adorno cita a afirmação de Adolf Loos segundo a qual a obra de arte não é obrigada a agradar ninguém e não tem responsabilidade perante ninguém — enquanto uma casa tem uma responsabilidade perante cada um de nós.[25] A arquitetura quase sempre se nos impõe: é a "responsabilidade social" do arquiteto. Seria inútil querer opor as "verdadeiras" criações de Le Corbusier às más imitações cometidas por sua escola: elas estão fundadas sempre nos mesmos princípios, e a mais monstruosa torre de moradia

24 Essa abordagem está bem desenvolvida em Berancy (2017).

25 Em francês na coletânea de Adorno (2002, p. 76). Mas a tradução "a casa tem responsabilidades para com todos" diz o inverso da ideia de Loos. Essa conferência resume muito bem o carácter paradoxal e ambíguo do funcionalismo com relação à lógica capitalista. Mas se pode notar também que mesmo para Adorno o progresso tecnológico permanecia o fundamento de qualquer emancipação social.

brutalista numa periferia não se distingue realmente da cidade radiante. O ensaísta Roger-Pol Droit resume bem o problema:

> Seu objetivo maior: "Criar uma raça sólida e bela, sadia", como ele escrevia em 1937. Sua obsessão: "O regramento das grandes cidades", a edificação de uma sociedade em ordem, viril, higiênica, racional. Seus conselhos: "Classifiquem as populações urbanas, façam a triagem, expulsem os que são inúteis na cidade". Por toda parte se encontra a mesma vontade: regularidade geométrica, higiene, pureza e, se necessário, depuração. [...] Fica apagado tudo que, nessa obra, liga política fascista e urbanismo modernista. O culto do ângulo reto, a ojeriza às curvas, à desordem, a recusa dos sedimentos do acaso e da história, o gosto tresloucado pela fabricação em série e pela padronização constituem, porém, ideologia posta em forma. A cidade precisa se transformar numa máquina de produzir um homem novo, condicionado, controlado 24 horas por dia. Visto sob esse ângulo, a famosa "unidade de habitação de grandeza conforme" não passa de uma jaula de concreto, destinada a formatar o humano. Estamos muito longe das liberdades e dos direitos humanos. E pertinho do sonho mussoliniano. Se admitirmos que as formas veiculam ideias, essa arquitetura é um fascismo em concreto armado. Em vez de entoar mais alguns hinos para sua visão inovadora e sua modernidade vanguardista, seria melhor se informar, e finalmente regozijar-se com o fato de que um tal projeto fracassou. O que temos que contemplar são as prisões radiosas das quais escapamos.[26]

Se o entusiasmo de certos pensadores de "esquerda" por Heidegger — principalmente nos anos 1980 e 1990, embora ainda persista hoje em alguns meios — é de causar espanto (ou não), é ainda mais espantoso que a esquerda tenha feito durante muito mais tempo de Le Corbusier um de seus heróis, vendo em sua arquitetura e sobretudo em seus princípios uma forma de "novo

26 Roger-Pol Droit, "Le Corbusier, un fascisme en béton", *Les Échos*, 23 abril 2015.

humanismo" progressista. O historiador da arte italiano Giulio Carlo Argan (1909-1992), próximo do Partido Comunista e prefeito de Roma nos anos 1970, é um bom exemplo disso.[27] Em seu manual de história da arte intitulado *L'Arte moderna 1770-1970* (Argan, 1970, p. 323-9), obra de referência para os progressistas da época na Itália, ele não poupa elogios a Le Corbusier, que teria sido um dos raros urbanistas conscientes "da responsabilidade, da dignidade que possuem enquanto profissionais e técnicos", não submetidos à especulação fundiária mas capazes de "conduzir livremente suas pesquisas e alcançar resultados esteticamente conclusivos". Argan arremata, categórico:

> Como Picasso, de quem podemos considerar que ele é o equivalente no terreno da arquitetura, Le Corbusier não apenas foi um grande artista, mas também um magnífico agitador cultural, uma fonte inesgotável de ideias, um farol. Teórico, polemista combativo e brilhante, propagandista infatigável, autor de uma obra de arquiteto e escritor (que ocupa lugar de importância na literatura crítica contemporânea), ele fez do problema do urbanismo e da arquitetura uma das prioridades culturais de nosso século. [...] Le Corbusier, como Picasso, mudou de estilo muitas vezes. Marcada pela coerência, sua conduta foi a prova viva de uma forma de política no sentido mais elevado do termo: uma política ambiciosa, esclarecida, generosa, em favor do urbanismo e da arquitetura.

A vida da cidade não é mais canalizada nos "intestinos sufocantes das ruas"; em suas "unidades de moradia", Le Corbusier "consegue combinar a exigência da intimidade individual com a da 'convivência' da comunidade". Para Argan, ele foi "um grande benfeitor da humanidade". Apesar disso tudo, essa "grande figura", que se

27 Ver também a nota elogiosa que lhe é dedicada no *Dictionnaire biographique du mouvement ouvrier et social*, disponível em: https://maitron.fr/spip.php?article75011. Ela foi redigida por Anatole Kopp, autor de *Ville et Révolution. Architecture et urbanisme soviétiques des années vingt*. Paris: Anthropos, 1967.

dedicou à sua "missão histórica" com um "engajamento lúcido e corajoso que apenas espíritos vis se recusariam a admirar", era um tanto desligada das lutas sociais de seu tempo, segundo o historiador italiano. Com esse tipo de comunista, quem precisa de reacionários? Foi aliás o ministro comunista do Urbanismo e da Reconstrução da França à época, François Billoux, que encomendou a Le Corbusier o projeto da Cidade Radiante de Marselha em 1946. Para encontrar críticas a sua obra e seus projetos urbanísticos, é mais fácil buscar do lado dos conservadores.[28]

O fervor quase unânime por Le Corbusier, que perdura tanto na esquerda quanto na direita, entre os especialistas e também para o grande público, mereceria um estudo aprofundado, até porque os documentos sobre seu percurso político estão acessíveis e o fracasso de seus projetos, como a Cidade Radiante, é patente. Mas o hábil arquiteto franco-suíço resume por si só, ao que parece, o fundo comum da modernidade. No final da guerra, todas as condições estavam reunidas para que ele fosse condenado como colaborador do regime nazista de Vichy. Aconteceu justamente o contrário: Le Corbusier pôde começar a redesenhar a França segundo sua vontade. A industrialização da construção civil e a fabricação em série de elementos padronizados estavam a todo vapor.

SERÁ QUE O CONCRETO É STALINISTA?

Le Corbusier tinha uma pequena preferência pela versão fascista do totalitarismo, mas pôde oferecer seus serviços à sua variante stalinista: ele visitou a União Soviética em 1929 e construiu os

28 Por exemplo, Aurélien Jouhanneau, "Quand Le Corbusier voulait détruire Paris", *Le Figaro*, 3 jul. 2015.

escritórios da Aliança Cooperativa Central (Tsentrosoyuz) que Hannes Meyer, diretor da Bauhaus, chamou de "orgia de vidro e concreto". Ele apresentou um projeto grandioso no concurso de 1932 para o Palácio dos Sovietes, mas, para sua decepção, Stálin preferiu um projeto neoclássico (que nunca foi terminado). De toda forma, o aço era um material incrivelmente raro na URSS nos anos 1930,[29] e ainda depois, durante a guerra (chegaram a demolir o Palácio dos Sovietes, parcialmente construído, para aproveitar seu aço com fins militares). Assim, o concreto armado não pôde ser utilizado em massa nas edificações. Até o famigerado Canal do Mar Branco, cuja construção entre 1931 e 1933 custou a vida de dezenas de milhares de detentos soviéticos, praticamente não continha concreto nem aço.

A introdução mais forte do concreto armado na União Soviética seria a grande cartada de Nikita Khrushchev. Antes de se tornar o sucessor do "Pai dos Povos", Khrushchev, no intuito de conquistar um lugar no séquito de Stálin sem correr muitos riscos, lançou em 1950, na qualidade de chefe do partido em Moscou, um vasto programa de construção de moradias na cidade. Sempre projetadas seguindo o mesmo modelo, elas se compunham geralmente de cinco andares sem elevador (por razões econômicas). O uso do concreto armado pré-fabricado permitiu triplicar o ritmo da produção. Na sequência, um grande número de moradias foi construído em toda a URSS até os anos 1970 e, em alguns casos, até depois. Os cidadãos soviéticos tinham que ver tudo isso como um progresso. É verdade que cada um desses apartamentos dispunha de um banheiro e fora pensado para uma só família, ao passo que antes várias famílias não raro se amontoavam em grandes e antigos apartamentos burgueses, compartilhando a cozinha e o banheiro. Mas, em razão de sua qualidade muito medíocre e de suas dimensões muito reduzidas, os beneficiários

29 O aço estava no centro do imaginário stalinista: um dos livros mais importantes do "realismo socialista" foi *Assim foi temperado o aço*, de Nikolai Ostrovski (1932 [2005]).

ingratos se vingavam apelidando essas moradias de *khrushchoba*, um jogo de palavras entre Khrushchev e *trushchoba*, que significa "favela". Apesar das inúmeras demolições, essas moradias construídas em série ainda podiam ser vistas tanto na ex-URSS quanto em seus países satélites, e não param de se degradar com o passar dos anos. Na Alemanha (principalmente Oriental), eram chamados *Plattenbau* ("construção com painéis"), termo que em seguida se espalhou para várias línguas.

Um dos momentos mais curiosos da história do concreto se inscreve num contexto bem particular: a luta pelo poder na cúpula da União Soviética depois da morte de Stálin. Em 7 de dezembro de 1954, Khrushchev, que ainda não estava certo de sua vitória contra os outros chefes stalinistas, fez um discurso sobre "A introdução extensiva de métodos industriais para melhorar a qualidade e reduzir os custos das construções", no âmbito da Conferência Nacional dos Construtores, Arquitetos e Trabalhadores do Setor de Materiais de Construção. Esse discurso muito detalhado durou três horas e constituiu, com toda evidência, uma peça-chave no distanciamento com relação à herança de Stálin, mais de um ano antes do XX Congresso do Partido Comunista da União Soviética. Seu objetivo principal era industrializar a construção por meio do emprego de estruturas pré-fabricadas em concreto armado, no lugar do concreto monolítico moldado diretamente na construção, como preconizavam outros chefes políticos. Tratava-se de aplicar o mesmo método da fábrica, para acabar com o uso de tijolos que exigem muito trabalho e tempo — não havia mais razão para utilizá-los, afirmava Khrushchev, que desenvolvia seus argumentos em nome dos interesses econômicos. Ele insistiu na importância de um design padronizado, queixando-se do fato de existirem 38 modelos diferentes de escolas na URSS. Era preciso então escolher uma pequena quantidade de modelos fixos e adaptados a cada uso. A primeira qualidade de um arquiteto, segundo ele, era saber economizar, o que significava também evitar decorações inúteis. Khrushchev tinha certeza de que essas construções durariam séculos, precisamente porque eram de concreto armado.[30] Seu discurso não fazia qualquer alusão ao socialismo, nem mesmo no sentido mais amplo do termo. Mas estava perfeitamente em consonância com o entusiasmo que o próprio Lênin (assim como Antonio Gramsci, aliás) nunca deixara de manifestar por Henry Ford, Frederick Taylor e a "organização científica do trabalho". Seguindo essa lógica, os soviéticos tinham convidado em 1929 o arquiteto americano Albert Kahn (1869-1942) para executar mais de quinhentas fábricas na URSS; Kahn era o arquiteto titular de Henry Ford, para o qual tinha concebido mais de mil projetos, incluindo o Ford River Rouge Complex, perto de Detroit, onde trabalharam até 120 mil operários. O pintor comunista mexicano Diego Rivera imortalizou essa fábrica, que era na época a maior do mundo, numa série de afrescos chamada *Detroit Industry Murals*. Ele foi fartamente pago pelos capitalistas que detestava. Perante a potência de uma indústria que participava da felicidade da humanidade, não era preciso ficar sem jeito por causa de pequenas diferenças ideológicas — embora tão importantes costumeiramente.

Em 1956, o plano lançado por Khrushchev (que logo fracassou) para superar o nível de vida dos Estados Unidos em alguns anos reservava um lugar primordial às construções de concreto, preconizando por toda parte o uso de modelos padronizados. Algum tempo depois, a URSS comprou as patentes francesas "Camus" de pré-fabricação industrial de concreto armado; em seguida, as aperfeiçoou para inundar o país com uma "pré-fabricação pesada" planificada em grandíssima escala. Essas moradias pré-fabricadas em concreto armado eram quase totalmente construídas na fábrica, como se fossem imensas caixas de sapatos. Eram transportadas ao local por tratores especiais,

30 Podem-se consultar longos trechos traduzidos para o inglês em Nikita Khrushchev, "Industrialised Building Speech", 1954, *Archis.org*, 1º mar. 2009. Disponível em: http://volumeproject.org/industrialised-building-speech-1954.

depois empilhadas umas sobre as outras com gigantescos guindastes de pórtico de aço montados em trilhos (daí os famosos alinhamentos de barras de moradias nos novos conjuntos residenciais). Os soviéticos revenderiam essas patentes a seus amigos chineses, antes da grande desavença.

Mas, em vez de aprofundar aqui a questão da "modernização recuperadora" da URSS, como denominou Robert Kurz (1991 [1997]) em *O colapso da modernização*, convém antes destacar o caráter absolutamente internacional da "concretite" após a guerra. Já nos anos 1930, os organizadores do New Deal, nos Estados Unidos, tinham descoberto que não havia produto melhor do que o concreto para contribuir com o crescimento do PIB. Prova disso eram os 3,3 milhões de metros cúbicos que tinham sido usados para construir a obra emblemática do New Deal, a barragem Hoover — na época, a maior estrutura do mundo em concreto armado. Esse material estava ligado ao desenvolvimento de todas as formas de sociedade mercantil, até mesmo as "dissidentes": seja nos planos quinquenais da União Soviética, no New Deal dos Estados Unidos, no Grande Salto Adiante da China, nas construções de moradias na Europa depois da Segunda Guerra Mundial... Em cada um desses casos, o concreto era sempre invocado.

SERÁ QUE O CONCRETO É DEMOCRÁTICO?

O concreto armado viveu seu pleno impulso no pós-guerra. Vinte anos foram suficientes para que ocorresse uma ruptura radical com efeitos duradouros. No plano técnico, um papel importante foi reservado ao bloco de concreto, produzido em massa a partir dos anos 1950. No plano organizacional, agora era todo o setor que estava industrializado e submetido a uma organização estrita que não tinha mais nada a ver com os métodos artesanais, nem com particularidades locais como outrora.

A longo prazo, explica Jacques Fredet, "o objetivo era que uma parte cada vez maior da produção fosse realizada em oficinas ou fábricas e que no canteiro de obras existisse apenas simples *assentadores* com qualificação mínima" (Fredet, v. 1, 2003, p. 146). Industrialização significa inevitavelmente integração vertical e concentração, burocracia e interação entre o Estado e as grandes empresas. Uma publicação dedicada ao elogio do concreto resume assim essa evolução:

> A porcentagem de construções de moradias industrializadas era, em 1969, de 30% na URSS, 25% nos Estados Unidos, 19% nos Países Baixos, 12% no Reino Unido, 10% na França e 2% na Bélgica. [...] Indústrias de pré-fabricação são criadas em todos os países, e, a partir de uma quantidade de elementos padronizados, elaboram construções industriais modelo que são oferecidas diretamente aos clientes usuários, como produtos acabados no que se refere à parte estrutural. Essas construções são concebidas para usar de maneira repetitiva grandes séries de elementos idênticos, em concreto armado para as colunas e portais e em concreto protendido para as lajes e as vigas. Mais tarde, essas fábricas ampliarão a gama de seus produtos, incluindo painéis em concreto armado e elementos de fachada em concreto arquitetônico, e visarão também ao setor da construção utilitária e habitacional. (Jasienski, 2013, p. 105)

No cerne dos novos modos de construir, tanto na teoria quanto na prática, está a moradia de massa. Pela primeira vez a arquitetura deixou de se dirigir somente às classes dominantes, passando a se voltar também, e sobretudo, aos dominados.[31] Seria cair num grande erro acreditar que poderia existir aí alguma forma de "emancipação" ou de "promoção" das classes populares — trata-se apenas de uma modernização dos cortiços. A arquitetura modernista do pós-guerra introduziu uma novidade digna

31 Como observou Guy Debord em *A sociedade do espetáculo*, §175.

de nota: os pobres despejam sua raiva em suas próprias moradias. A relação entre grandes conjuntos habitacionais e "degradações" contínuas, independentemente de sua amplitude, é tão visível que agora já é considerada inevitável, "natural". Não existe nenhum testemunho acerca de tais práticas nos cortiços proletários do século XIX. O sucesso é inegável: em lugar de atacar as casas dos ricos, os "excluídos" hoje atacam seu próprio habitat, suas "jaulas de coelho". Ao contrário das classes populares urbanas do passado, que consideravam suas moradias e seus bairros, por mais miseráveis que fossem, como "seu" mundo, a partir do qual podiam afrontar seus exploradores, as novas "classes perigosas" são perigosas principalmente para si mesmas. O ódio e o desprezo de si substituíram o ódio de classe — e o urbanismo e o ordenamento territorial têm muita culpa nisso.

O preço baixo dessas construções era "a artilharia pesada que destrói todas as muralhas da China". O deslocamento da produção dos canteiros para as fábricas respondia a essa necessidade. Era também mais rápido. Mas se buscava principalmente difundir a ideia de "modernidade" para todos. Toda e qualquer objeção era enxotada em nome da urgência de construir rápido e em grande quantidade: por um lado, devido ao afluxo massivo de pessoas do campo e das províncias para as grandes cidades; por outro, devido aos estragos da guerra.[32] Na verdade, esse segundo argumento nem sempre era válido: na Itália, onde os estragos causados pela guerra eram por assim dizer limitados, assistiu-se a uma atividade de construção frenética nos anos 1950 e 1960. Caso a guerra não tivesse provocado tantos estragos, os promotores imobiliários resolviam o problema por conta própria: em Palermo, nos

32 A Segunda Guerra Mundial tinha preparado duplamente o impulso do concreto, através de suas destruições e também de suas construções, como a Linha Maginot, erguida pela França, e a Muralha do Atlântico, obra dos alemães durante a ocupação. Cerca de treze milhões de metros cúbicos de concreto foram usados nesses empreendimentos, e as paredes das bases submarinas de Saint-Lazare e de La Rochelle estão entre as mais espessas já construídas.

anos 1950 e 1960, bairros como um todo (com suntuosas *villas* Liberty) foram arrasados para ceder lugar a monstruosos *palazzi* construídos por empreiteiros ligados à Máfia. Esse processo ficou conhecido na época como o Saque de Palermo, em referência ao Saque de Roma perpetrado em 1527 pelos soldados de Carlos V.

A generalização dessas moradias casava com as outras formas de "modernização" na mobília e nos equipamentos domésticos e, mais globalmente, com o êxodo rural, a democratização do automóvel, os novos hábitos alimentares e o abandono da autoprodução e dos reparos domésticos. Se essa evolução foi bem-sucedida, apenas secundariamente se deu pelas melhorias reais trazidas por ela: a arma mais potente para concretizar esse *admirável mundo novo* era a *vergonha* que estavam convidados a sentir todos aqueles que viviam "à moda antiga" e, ao contrário, o *orgulho* de ser "absolutamente moderno." Entre os inúmeros testemunhos, é possível citar um que talvez não tenha sido tão levado em consideração. Com *As Mãos Sobre a Cidade* (1963), o diretor italiano Francesco Rosi teve o grande mérito de fazer o primeiro filme popular sobre a especulação imobiliária e seus aspectos criminosos.[33] Vários anos antes, ele tinha filmado um longa-metragem intitulado *A Provocação*, um dos primeiros filmes a evocar a Camorra napolitana — embora as questões criminosas se limitassem ainda a alguns caminhões de tomate. Esse filme descreve também, sem ironia nem denúncia explícita, mas muito mais como uma evidência, uma mudança crucial: o cenário é Nápoles, e, no início, o protagonista mora num grande edifício antigo de um bairro popular onde vivem várias famílias. O imóvel está meio deteriorado, mas é bonito apesar de tudo. Existe uma vida social intensa nos patamares e nos outros espaços comuns, as portas dos apartamentos estão frequentemente abertas. O telhado-terraço é utilizado para secar roupa

33 Nos filmes seguintes, Rosi também se mostrou muito sensível ao cenário criado pela fúria das novas construções. Na França, é preciso mencionar pelo menos *Meu Tio*, de Jacques Tati (1962), como sátira acerca de um novo ambiente que se constrói.

e dá ensejo a uma partida de esconde-esconde entre o protagonista e uma moça, que acaba resultando em noivado. Numa das cenas seguintes, a família do protagonista se mudou para uma moradia moderna, onde aparece vendo televisão e bebendo Coca-Cola. Era a época em que as famílias italianas trocavam seus móveis antigos por móveis de fórmica e vendiam seus oliveirais para comprar um minúsculo Fiat 500. O progresso é lindo! O conforto tecnológico serve de compensação para moradias monótonas, sem alma, onde é impossível viver, e para os espaços dos quais os moradores não podem se apropriar nem mental nem fisicamente — um elemento essencial para toda infância minimamente feliz.

Entretanto, a desconfiança com relação às novas construções logo chega à cultura de massa italiana: na música autobiográfica "Il ragazzo della via Gluck", que foi um grande sucesso em 1966, o cantor popular Adriano Celentano evoca, por exemplo, casas de campo que deram lugar "ao cimento e ao asfalto", assim como também uma cidade toda que tomou o lugar da casinha da infância do eu lírico. Pier Paolo Pasolini pensou até em fazer um filme. A música foi cantada em francês por Françoise Hardy com o título *La Maison où j'ai grandi*, mas sem menção ao cimento e atenuando a carga polêmica da música original, diferentemente da versão em inglês — *Tar and Cement* —, que citava "autoestradas". Gravada por Verdelle Smith, também foi um grande sucesso em 1966, antes de ser regravada por outros cantores. Celentano (que no entanto não fazia parte dos artistas "engajados") criticou mais explicitamente o urbanismo contemporâneo em 1972, em sua música "Un albero di trenta piani", alusão direta ao arranha-céu Pirelli em Milão. Em outro registro cultural, é possível mencionar *A especulação imobiliária*, curto romance de Italo Calvino publicado na Itália 1963 (2013 [2011]), ou ainda a deliciosa narrativa *La nostra casa si trasforma: e l'inquilino la deve subire*, de Carlo Emilio Gadda (1961), escritor virtuoso e engenheiro de formação. Ele descreve em detalhes um grande edifício construído em concreto armado e tijolo furado, onde todo mundo é obrigado a ouvir todos os ruídos e aguentar todos os eflúvios dos outros moradores, sem contar a "desvantagem térmica". Essa "revolução" é fruto dos "inovadores" que, do alto de seus catorze anos de idade mental, jogaram no esquecimento toda a arte de construir do passado.

Um espírito nitidamente diferente prevalece no primeiro filme de Jean-Luc Godard, cineasta comprometido com o futuro que a gente bem conhece: o documentário artesanal *Operação Concreto*, filmado em 1953 no canteiro de obras da barragem hidrelétrica da Grande-Dixence, nos Alpes suíços, onde o próprio Godard trabalhava então como servente. Ele conseguiu vender depois esse filme de dezesseis minutos à empreiteira da obra, já que se tratava de um hino à "potência humana" e ao concreto. É possível ver a mesma tonalidade meio lírica, meio heroica no documentário italiano de 1962 *Il Pianeta Acciaio*, de Emilio Marsili: esse filme bastante incrível — cujo argumento foi escrito por outro diretor italiano importante, Luciano Emmer — começa com um comentário entusiasmado acompanhando as imagens de oliveiras seculares abatidas "por uma retroescavadeira" em Puglia, para acabar com a "sonolência" secular e abrir caminho ao progresso. Depois, o filme descreve com ênfases épicas a implantação de uma usina siderúrgica e a domesticação do "monstro aço". Quando se sabe que o local em questão é o da Ilva, situada na cidade de Tarento, que se tornou, graças à siderurgia de aço, uma das mais poluídas da Europa e onde os operários se veem hoje forçados a escolher entre a miséria do desemprego e o câncer, esse filme aparece como uma obra-prima do cinismo, mesmo que involuntário.

As artes plásticas também se apoderaram do concreto, com resultados um tanto paradoxais, especialmente na Itália. O artista plástico Alberto Burri (1915-1995) demonstrou, a partir dos anos 1950, de uma maneira muito notável que ia muito além do quadro da "arte informal" da época, que materiais "brutos" como sacos de juta rasgados, plástico, colas ou cimento podiam ter grande capacidade expressiva e representar a dor humana. Nos anos 1980, Burri não hesitou em cobrir de concreto as ruínas da cidade siciliana de Gibelina, destruída e depois abandonada em 1968 devido a um terremoto. Ele esperava assim conservar a memória do lugar. Mesmo que alguns pudessem se sentir seduzidos pela ideia inicial, essa obra de *land art* prova mais uma vez que o concreto envelhece muito mal, mais do que as ruínas antigas que ele encobriu...

O artista italiano Giuseppe Uncini (1929-2008) trabalhou a vida toda com concreto armado, criando obras como *Primocementoarmato* (1958) e *Ferrocementi*. Seu processo, que consiste em estar atento ao que diz a matéria, em explorá-la e conhecê-la (ele dizia: "Quem faz arte precisa refletir profundamente sobre os materiais que utiliza para poder expressar um significado real"),[34] constitui efetivamente uma das facetas da arte como meio de se reapropriar do mundo contra a abstração e a quantificação. Mas aplicar isso ao concreto não deixa de surpreender!

O concreto acabou por criar um estilo completamente próprio: o brutalismo. Quando ouvi essa palavra pela primeira vez, parecia evidente que se tratava de um termo pejorativo forjado pelos adversários desse estilo — porque eu o associava à palavra "brutal". Foi-me preciso um certo tempo para compreender que o termo vinha, na verdade, do "concreto bruto", um termo que tinha a pretensão de ser neutro e era usado pelos próprios promotores do estilo. A riqueza da palavra deriva provavelmente também de sua relação com "brutal"; com efeito, um livro lançado há pouco sobre o tema se intitula *This Brutal World* (Chadwick, 2016). Ele aborda autores que vão de Frank Lloyd Wright e Louis Kahn, no início do século XX, até os pós-modernos contemporâneos. Entretanto, é melhor reservar o termo "brutalismo" à abordagem iniciada por Le Corbusier e que recebeu esse nome na Inglaterra nos 1950, sobretudo com

34 "Uncini scultore del cemento armato. Al Mart il padre dell'arte povera", *La Repubblica*, 10 dez. 2008.

a obra de Alison e Peter Smithson. O brutalismo se caracteriza por estruturas em cubo sobre as quais o concreto aparece nu e sem decoração. Foi largamente difundido entre os anos 1950 e 1970, inclusive nos países do Leste Europeu e do Terceiro Mundo. Foi principalmente usado em grandes conjuntos habitacionais populares e em prédios públicos. Pode-se ver no brutalismo uma espécie de perversão de uma das ideias principais do construtivismo dos anos 1920: tornar visíveis as estruturas ao invés de escondê-las em revestimentos, por vergonha. As obras do arquiteto brasileiro Oscar Niemeyer, entre outros, demonstram, todavia, que uma arquitetura baseada quase apenas no concreto armado não precisa ficar necessariamente limitada à ortogenia (às linhas retas); pode também privilegiar as formas flexíveis e curvas — embora isso não elimine suas outras desvantagens.

A arquitetura brutalista se desenvolveu muito com a construção de novos prédios universitários — a passagem à universidade dita "de massa" e a aplicação desse tipo de arquitetura constituíam duas faces da mesma moeda. Assim, a Universidade do Estado do Rio de Janeiro foi construída no início dos anos 1970 reproduzindo exatamente a Technische Universität de Berlim — e alguns estudantes atribuem os numerosos suicídios ocorridos no local à influência dessa arquitetura.

O brutalismo, aliás, não se limitou à arquitetura: além dos vasos de flores de concreto, existem também alto-falantes de concreto, joias de concreto, escrivaninhas de concreto, um perfume Concrete, boates e cafeterias *concreto*.

Nas pesquisas sobre as construções mais detestadas pelo público, são sempre (pelo menos na Inglaterra) as construções brutalistas que "ganham".[35] Por incrível que pareça, depois

35 Em novembro de 2008, os leitores do site virtualtourist.com votaram e puseram o edifício da prefeitura de Boston, nos Estados Unidos, no primeiro lugar dos edifícios mais feios do mundo, perdendo apenas para a Torre Montparnasse. "Travel Picks: 10 Top Ugly Buildings and Monument", *Reuters*, 14 nov. 2008.

do pós-modernismo, o brutalismo voltou à moda em certos meios em nome de uma arquitetura sólida, reduzida ao essencial, honesta, uma "espécie de primitivismo puritano". Alguns acham que o concreto e até o brutalismo não são somente úteis e baratos, mas *bonitos*. Existem associações que lutam pela preservação de construções brutalistas que poderiam ser demolidas sem hesitação; algumas delas são hoje protegidas. Já se chegou a propor um estilo "neobrutalista".

Não há nada que se possa opor a quem acha o brutalismo bonito; a questão vai muito além de uma discussão estética. O que vai ainda mais além dos limites do entendimento é o fato de o brutalismo ser amiúde associado a uma dimensão "utópica", a um projeto de "comunidade" e de vida feliz. A utopia social não raro se revestiu, no decurso dos séculos, de uma dimensão arquitetônica — por exemplo, *A cidade do sol*, de Tommaso Campanella (1623), contém uma descrição detalhada da forma da cidade. No brutalismo dos anos 1960, a organização da vida como colmeia funcional também se apresenta como uma "utopia". A verdadeira face dessas utopias em forma de arranha-céu transparece no romance *High-Rise*, ou *Arranha-céus*, de James G. Ballard (1975 [2015]),[36] em que os habitantes de uma torre enorme, depois de terem se isolado do mundo, afundam-se na barbárie e acabam se autoexterminando.

Alguns — principalmente na Inglaterra — relacionam o concreto armado à época fordista, ao Estado de bem-estar social, à moradia e à cultura para todos, ao socialismo. Ainda nos anos 1990, uma integrante do governo conservador britânico teria vetado a inclusão do Alexander Flemming House Complex, um grande prédio brutalista construído no início dos anos 1960 em Londres, na lista dos monumentos históricos, exclamando: "Não podemos incluir isso — é concreto — é *comunista*!".[37]

36 Esse romance faz parte de uma "trilogia do concreto", juntamente com *Concrete Island* e *Crash*.

37 Adrian Forty, "Concrete? It's Communist", *op. cit.*

Na verdade, os fascismos não tinham desprezado o concreto: Hitler, por exemplo, o utilizou em suas autoestradas. Mas a monotonia cinzenta das construções brutalistas era com frequência associada ao que um certo público via nos países do Leste ou à ideia que tinham do socialismo. Nessa época, "esquerda" e "direita" costumavam ser sinônimos de "mudança" e "conservação", respectivamente. Mas, se o funcionalismo é realmente de "esquerda", como pôde servir a esse ponto à reestruturação capitalista do espaço? Na prática, o funcionalismo unia a alma de "esquerda" e a alma de "direita" do capitalismo industrial, como as unia também a fábrica, o culto do trabalho, a televisão, o automóvel e a geladeira.

Para os liberais puristas, a construção massiva de moradias a preço módico pelo Estado significava uma perturbação ao livre mercado. Em outro nível, o que irritava a camada mais rígida da burguesia, à qual já nos referimos, era o caráter aparentemente "interclassista" do concreto, que já desempenhava um certo papel em Le Corbusier. Enquanto outrora a pedra de cantaria e a ornamentação eram sinais exteriores de riqueza e o povo tinha que viver em construções de madeira e tijolo, ou de pedra achada nos campos, o concreto e as formas "puras", geométricas, tornavam-se as mesmas para todos — a diferença era apenas quantitativa, a superfície habitável. Esse liame entre o concreto e a lógica quantitativa será examinado adiante.

A associação mental entre pobreza e concreto perdurava e não se limitava às moradias operárias. O concreto foi usado — e é ainda hoje — numa infinidade de autoconstruções no antes chamado Terceiro Mundo. Esse consumo massivo em pequena escala contribui fortemente para aumentar os lucros da indústria do cimento. Ingrata como é, ela prefere, no entanto, não lembrar sua relação com as construções miseráveis. As favelas não são bem-vindas nas fotos publicitárias, a menos que se trate de propagandear algum sucesso local como a erradicação de uma doença causada por parasitas presentes no chão batido das casas pobres do México rural, erradicação tornada possível por uma campanha massiva de concretagem desses chãos — como se não fosse possível obter o mesmo resultado com pedras locais; aliás, muitas vezes, magníficas no México.

SERÁ QUE O CONCRETO É UMA UNANIMIDADE?

Nem todas as primeiras vanguardas haviam sido conquistadas pelo concreto armado, ou pela arquitetura modernista. Assim, Louis Aragon escreveu em 1925 em *A revolução surrealista*:

> Enfim, lá se foram as arquiteturas assombradas, o morador estará em casa debaixo desse portal, encontrará a paz nesse deserto de paredes. Tudo é medido pelo útil, a utilidade resplandece na mínima pedra de construção, e se alguma lembrança, para além da imediata mentira nas intempéries e na destruição, trouxer esse lugar construído com as proporções hoje líricas da fábrica e do hangar, é permitido perguntar-se se não se trata, pura convulsão do pragmatismo, de uma espécie de deificação necessária do trabalho e dos seus modos, de um princípio fortificado pela sua carência e, como um soluço do cimento armado, a histeria dos materiais na sua adaptação às convenções do homem, aos seus cálculos interessados, aos seus terrores.[38]

A relação estabelecida entre o "cimento" e a "deificação do trabalho" é particularmente interessante. Mas essas dúvidas e protestos permaneciam muito minoritárias e não foram aprofundadas nem por seus próprios autores (sem falar da carreira vergonhosa de Aragon em seguida, que virou stalinista até o fim).

38 Louis Aragon, "Au bout du quai, les Arts Décoratifs!", *La Révolution surréaliste*, n. 5, 1925, p. 26.

De uma maneira bem mais coerente, os jovens letristas, e depois os situacionistas, desencadearam nos anos 1950 uma acesa polêmica antifuncionalista — ainda que eles também tivessem bebido de algumas ilusões sobre o modernismo e o papel benéfico das tecnologias, cuja recusa criticavam nos surrealistas. Em 1956, o primeiro grupo fundado por Guy Debord, a Internacional Letrista, lançou uma "ordem de boicote" contra o Festival de Arte de Vanguarda que aconteceu na Cidade Radiante, em Marselha. A polêmica do panfleto assinado por Debord, pelo pintor dinamarquês Asger Jorn e pelo letrista Gil J. Wolman era dirigida contra os artistas que dele participavam — incluindo alguns que se apresentariam anos mais tarde sob o nome de Novo Realismo, a exemplo de Yves Klein, César e Pierre Restany —, acusados de "ter fundado suas carreiras sobre a cópia e a vulgarização reacionária de alguma novidade anterior, geralmente já de fraco alcance", e de querer "abocanhar os louros cívicos dos antigos combatentes de uma vanguarda tornada inofensiva". Os letristas esclareciam que, "pelo cenário escolhido — o edifício de Le Corbusier chamado Cidade Radiante — e pelo leque de personalidades previstas, esse evento se apresentava como a apoteose das tendências confusionistas e retrógradas que constantemente têm dominado a expressão moderna de dez anos para cá" (Debord, 2006, p. 239-41).

Desde 1952, os membros da pequena Internacional Letrista e, a partir de 1957, os da Internacional Situacionista, sempre impulsionados por Debord, dedicaram-se muito à exploração do espaço urbano e a projetos em prol de uma cidade diferente, através dos conceitos de "deriva", de "urbanismo unitário" ou "psicogeografia". No momento da fundação da Internacional Situacionista em 1957, o "urbanismo unitário" e a oposição ao funcionalismo eram vistos até como elementos unificadores entre as diversas "tendências" ou indivíduos que faziam parte do grupo. Tendo aparentemente desaparecido do discurso situacionista depois de 1962, em proveito da denúncia dos horrores do urbanismo novo, o urbanismo unitário voltou à moda em certos círculos de artistas e arquitetos a partir dos anos 1990, em nome de um "urbanismo utópico". É importante lembrar até que ponto a abordagem situacionista da arquitetura e da cidade se opunha à de Le Corbusier, que saturava então todo o horizonte e angariava a adesão de todos aqueles que queriam ser "modernos". Os situacionistas também queriam sê-lo, mas à sua maneira. Eles tampouco desejavam ser "tradicionalistas" ou "reacionários". A salvaguarda dos prédios históricos não lhes interessava de modo algum naquele momento ("Todos concordam em rechaçar a objeção estética, em calar os admiradores do portal de Chartres [Portal Real da Catedral de Chartres, França]. A beleza, *quando não é uma promessa de felicidade*, precisa ser destruída", escreviam os letristas),[39] e eles desejavam antes de qualquer coisa reconstruir as cidades de cabo a rabo. Mas — e era nisso que residia sua originalidade — o urbanismo unitário não tinha que servir à ordem existente, ao trabalho e à vida em família, ao tráfego de automóveis e aos "lazeres" autorizados, nem à padronização nem à economia. Pelo contrário, a arquitetura imaginada pelos letristas e situacionistas tinha por objetivo o jogo e o nomadismo, o "comportamento experimental" e o perder-se: em suma, a "construção de situações". A estrutura labiríntica, assim como a modificabilidade das construções pelos habitantes, era um aspecto essencial.

Os letristas se limitaram simplesmente a imaginar em grandes linhas esses modos de habitat, até se encontrarem com o arquiteto e pintor holandês Constant Nieuwenhuys (1920-2005), mais conhecido como Constant. Foi Asger Jorn quem trouxe, alguns meses depois da fundação da Internacional Situacionista, seu ex-colega do grupo de artistas Cobra (1948-1951). Constant trabalhava já havia algum tempo num projeto de cidade "utópica" que chamou em seguida, a partir de uma sugestão de Debord, de New Babylon, em referência a um filme soviético de 1929

39 *Potlatch*, n. 23 (ver Debord, 1996).

sobre a Comuna de Paris. A New Babylon se apresenta como uma cidade em construção permanente, uma espécie de fita sobre pilotis, uma cidade "coberta" e "contínua", oposta à "cidade verde" de Le Corbusier, na qual reina o isolamento: uma mistura labiríntica de todos os estilos e técnicas, modificável por seus habitantes conforme os jogos e efeitos psíquicos que procuram. A deriva permanente seria ali a ocupação principal; os trabalhos produtivos seriam realizados por máquinas. Seria uma cidade para a criação de "situações novas" (Nieuwenhuys *apud* Debord, 1959, p. 37 [1997, p. 105]), o contrário dos "cemitérios de concreto armado onde grandes massas da população são condenadas a morrer de tédio". Debord acreditava ver nos desenhos e nas maquetes de Constant um início de realização do urbanismo unitário; assim, ele dava muita importância a isso e mantinha uma fértil correspondência com Constant. Em "Constant e o caminho do urbanismo unitário", um texto muito elogioso redigido em janeiro de 1959, mas que permaneceu inédito, Debord (2006, p. 445-51) escreve que "as relações sociais dominantes não podem se adaptar ao desenvolvimento acelerado das forças produtivas" e que "o equilíbrio atual definitivamente não terá como integrar as forças desencadeadas pelo progresso técnico, que engatou uma fase nova de mudança decisiva". Mas essas eram afirmações corriqueiras à época, até entre os marxistas mais "ortodoxos". Para estes, progresso tecnológico e progresso social andam necessariamente de mãos dadas, a ponto de acusarem a "burguesia" de atrasar de modo deliberado o progresso tecnológico por ver nele uma ameaça a seu reinado arcaico e "superado pela história", ou seja, pelo desenvolvimento das forças produtivas. Debord também assinava embaixo dessa ideia progressista de fazer "tábula rasa" do passado: "Por toda parte, as necessidades da criação de um nível superior se opõem aos hábitos do pensamento e do comportamento. Já que nos alinhamos do lado dos que promovem essa criação, não podemos nos servir de modo inocente de nenhuma das formas que pertencem à totalidade cultural ultrapassada".

Entretanto, em 1960, Constant saiu do grupo. Debord o caracterizou na ocasião da seguinte maneira: "O homem hábil, entre dois ou três plágios de ideias situacionistas mal compreendidas, propôs-se francamente a ser o assessor de relações públicas da integração das massas à civilização técnica capitalista" (Debord, 1967, p. 66 [1997, p. 562]); mais tarde, em "Critique de l'urbanisme", falou também de suas "tendências tecnocráticas" (Debord, 1961, p. 6 [1997, p. 204]). O que não impediu que Constant tenha sido frequentemente estudado e apreciado por pessoas que reivindicam hoje a herança situacionista.

Em retrospectiva, a New Babylon — que nunca chegou a virar realidade mas influenciou arquitetos pós-modernos como Rem Koolhaas — parece pouco compatível com o projeto ao mesmo tempo poético e político dos situacionistas. Constant pretendia ser um anti-Corbusier, mas o era no sentido de um reflexo inverso. A New Babylon inverte os valores sociais fundados na "máquina de morar" de Le Corbusier. É bastante difícil vislumbrar de que forma essa cidade seria uma "poesia de morar", como seu criador a apresentou no Congresso de Alba em 1956, prelúdio da fundação da Internacional Situacionista (Debord, 2006, p. 447). Apesar das intenções gerais de Constant, que podem parecer bastante louváveis, acaba por se tratar de uma "máquina de jogar". Se o conteúdo muda, a linguagem continua muito próxima à de Le Corbusier: construção sobre pilotis, plano livre, telhados-terraços (onde há até aeroportos!) e o solo deixado livre para o tráfego ("o chão, cortado em todas as direções por rodovias, fica limpo de qualquer edificação, com exceção de alguns pilotis que sustentam a construção") (Nieuwenhuys *apud* Debord, 1960, p. 24).[40] A New Babylon se pretende alheia às estruturas históricas — Constant não quer destruir as antigas cidades, mas sobrepor sua cidade como uma

40 Constant prevê também um lugar "que goza de uma esplêndida vista para o tráfego das rodovias que passam embaixo"!

teia de aranha por cima das já existentes, sem integração nem com as construções que já estão lá, nem com o meio natural. Ele prevê que sua criação se espalhará um dia por todo o planeta e será possível dar uma volta ao mundo sem sair dela — ela terá em todo canto as mesmas feições. O interior dos edifícios, segundo os projetos, será em grande parte "iluminado e climatizado artificialmente" (Nieuwenhuys *apud* Debord, 1960), e a passagem do dia e da noite, assim como das estações, será imperceptível. O objetivo é "vencer a natureza e submeter o clima, a luz, os ruídos à nossa vontade" (Nieuwenhuys *apud* Debord, 1959, p. 38). O aço e o concreto armado, o acrílico, o náilon e o titânio serão os principais materiais de construção. A vida se dará num meio completamente artificial, e existirão zonas onde uma estada de longa duração terá "o efeito benéfico de uma lavagem cerebral" para "apagar os hábitos que possam vir a nascer" (Nieuwenhuys *apud* Debord, 1960, p. 25). "Equipes de criadores especializados, que serão, logo, situacionistas de profissão", regularão os ambientes. Se tudo der certo, poderemos até viver ali como se fosse na Lua: "As bases que estabeleceremos em outros planetas trarão imediatamente o problema relacionado ao tipo de cidade a se construir, o que será talvez o nosso tipo de estudo do urbanismo futuro" (Nieuwenhuys *apud* Debord, 1959, p. 39). De certa maneira, a cidade de Constant é tão totalitária quanto a de Le Corbusier — com a diferença de que não se trata mais de um totalitarismo de massas uniformizadas, mas de indivíduos numa época liberal, livres para fazer um uso personalizado do espaço que encontram já fabricado por outras pessoas. Isso casa perfeitamente com o caráter "pós-moderno", posto que heteróclito e compósito, da New Babylon. A "customização" em vez da padronização...

A relação de Asger Jorn, cofundador da Internacional Situacionista, com o funcionalismo é um tanto ambígua: ao mesmo tempo que criticava a pretensa "Nova Bauhaus" em Ulm, na Alemanha, e o funcionalismo ali praticado, ele elogiava a Bauhaus original por "aceitar a máquina como instrumento digno do artista", apostava na produção em série e fazia uma ponte entre os artistas e a indústria. A sede da Bauhaus em Dessau é qualificada por Jorn como o edifício mais importante dos anos 1920. Jorn funda então, em 1954, o Movimento Internacional por uma Bauhaus Imaginista e critica a escola de Ulm não somente por seu caráter tecnocrático, mas também por seu interesse pelo artesanato, que já teria constituído o ponto fraco da Bauhaus original (*apud* Andreotti, 2007, p. 49, 70). Aliás, em 1937, quando ainda era muito jovem, Jorn tinha colaborado, por meio de Fernand Léger, com Le Corbusier na realização do Pavilhão dos Novos Tempos na Exposição Universal de Paris.

Na *Potlatch*, a revista da Internacional Letrista, proclamava-se que "a arquitetura mais deplorável é a que propaga Firmin Le Corbusier" (n. 1, 1954). Um artigo corrosivo intitulado "Les gratte-ciel par la racine" (n. 5, 1954), que pode ser atribuído a Debord, é especialmente dedicado a ele:

> Nesta época, cada vez mais sob o signo da repressão, há um homem particularmente repugnante, nitidamente mais policial que a média. Ele constrói unidades de moradia do tipo celas, constrói uma capital para os nepaleses, constrói guetos verticais, necrotérios para um tempo que sabe utilizá-los muito bem, *constrói igrejas*. O protestante modulor, o Corbusier-Sing-Sing, o mela-pincel de crostas neocubistas, põe para funcionar a "máquina de morar" para toda honra e glória de Deus que fez à sua imagem as carniças e os corbusiers. Difícil esquecer que, se o Urbanismo moderno nunca foi até agora uma arte — e muito menos ainda um quadro de vida —, por outro lado sempre se inspirou nas diretivas da polícia. [...] Mas hoje a prisão se torna a moradia-modelo, e a moral cristã triunfa sem réplica, quando ficamos sabendo que Le Corbusier tem a ambição de suprimir a rua. Porque ele se gaba disso. Eis claramente o programa: a vida dividida definitivamente em ilhotas fechadas, em sociedades vigiadas; o fim das chances de insurreição e de encontros; a resignação automática. [...] É preciso ser muito tolo para ver aqui uma

arquitetura moderna. Não passa de um retorno reforçado do velho mundo cristão mal enterrado. (Debord, 2006, p. 143-5)[41]

Policial e padre, diziam os letristas em outros momentos. Debord, então com 22 anos, "doutor em nada", soube dizer em 1954 coisas que os mais audaciosos historiadores da arquitetura alcançaram meio século depois... e antecipando também em várias décadas o tema da arquitetura sob o prisma da vigilância.

Ivan Chtcheglov, cofundador da Internacional Letrista, ao qual Debord atribuirá mais tarde o papel de "inventor" do urbanismo unitário, tinha escrito antes: "Nós deixamos ao senhor Le Corbusier seu estilo que convém bastante às fábricas e aos hospitais. [...] Seu poder de cretinização é imenso. Uma maquete de Le Corbusier é a única imagem que me evoca a ideia de um suicídio imediato" (Chtcheglov, 2006, p. 9).

Em seguida, os situacionistas tiveram o grande mérito de estar entre os primeiros a protestar nos anos 1960 contra o novo urbanismo, e também de ter compreendido seu impacto social.

Raoul Vaneigem escreveu em 1961, em seus "Commentaires contre l'urbanisme":

> Morar é o "Beba Coca-Cola" do urbanismo. Substitui-se a necessidade de beber pela de beber Coca-Cola. [...] Misturando o maquiavelismo com o concreto armado, o urbanismo fica com a consciência tranquila. [...] É preciso construir às pressas, há tanta gente precisando de moradia, dizem os humanistas do concreto armado. É preciso cavar trincheiras sem demora, dizem os generais, há toda uma pátria esperando ser salva. Não haveria certa injustiça em cantar louvores aos primeiros e tirar sarro dos segundos? (Debord, 1961, p. 33 [1997, p. 232])

41 O artigo não está assinado, mas sua inclusão nas *Œuvres* de Debord sugere que foi escrito por ele.

No "Programme élémentaire du bureau d'urbanisme unitaire", ele fala da "atual planificação das cidades, que se apresenta como uma geologia da mentira", e explica que "o capitalismo moderno leva à renúncia de toda crítica pelo simples argumento de que é preciso ter um teto" (Debord, 1961, p. 18 [1997, p. 216]). Os situacionistas consideravam as mudanças drásticas no urbanismo na França como uma nova forma de luta de classes: o Estado expulsava as classes populares dos centros para concentrá-las em torres e barras de moradias em Sarcelles ou La Courneuve — criando assim um novo proletariado, não mais definido prioritariamente em termos econômicos, no qual os situacionistas depositavam a esperança de ser o coveiro do capitalismo.

CAPÍTULO 3

Os estragos de um material

Entre 1950 e 2019, a produção mundial de cimento passou de menos de 200 milhões de toneladas por ano a 4,4 bilhões, ou seja, foi multiplicada por 22 num espaço de 70 anos — uma taxa de crescimento três vezes maior que a do aço. Vamos a alguns números sobre o Leste Asiático, onde o furor do concreto é ainda mais delirante que em outras partes.

O Japão não queria ficar para trás com relação à Europa e se tornou até um exemplo do desenvolvimento econômico fundado na construção civil. Le Corbusier fez no país inúmeros admiradores, como os arquitetos Kenzō Tange e Tadao Andō. As relações entre políticos, empresários do ramo da construção e meios mafiosos são particularmente estreitas no país, e, por consequência, o metro quadrado de concreto lá é trinta vezes mais caro que nos Estados Unidos. No Japão há tanto concreto quanto em todo o território estadunidense. Ele é usado sobretudo em diques, onipresentes para "proteger" o país do mar. Quando ocorreu o tsunami de 2011 (em Fukushima), eles cederam em vários locais. Logo se recomeçaram a construir outros, ainda mais altos — alguns chegavam a doze metros. No entanto, eles impedem os moradores de ver o mar, e já foi demonstrado que florestas de mangue poderiam ser tão eficazes quanto essas estruturas para diminuir o impacto dos tsunamis.[42]

42 Jonathan Watts, "Concrete: The Most Destructive Material on Earth", *op. cit.*

Mas é a China que bate todos os recordes, naturalmente. Desde 2003, o país tem utilizado a cada três anos mais concreto do que os Estados Unidos durante todo o século XX. A China consome quase metade da produção mundial de concreto. A Barragem das Três Gargantas, a maior construção do mundo em concreto, terminada em 2012, utilizou mais de 27 milhões de metros cúbicos do material. Isso representa mais do que o dobro da Usina Hidrelétrica de Itaipu no Brasil, que era a maior do mundo desde os anos 1980, e oito vezes mais do que a Represa Hoover nos Estados Unidos. Entre os efeitos colaterais, deve-se pôr na conta o deslocamento forçado de quase dois milhões de pessoas em condições desastrosas. Mas pouco importa: o presidente da empresa que administra a barragem a apresentou como "o projeto mais importante que o povo chinês já empreendeu em milhares de anos".[43]

Entretanto, a húbris dos dirigentes chineses não para por aí. Já puseram em marcha o canteiro da próxima obra para transferir águas do sul da China para o norte árido por meio de uma rede de canais. Uma parte das obras já está concluída, a um custo de oitenta bilhões de dólares, o que faz dela a infraestrutura mais cara do mundo. Nada menos do que 65 milhões de metros cúbicos de concreto já foram vertidos, ou seja, mais que o dobro da Barragem das Três Gargantas. Mas é apenas o começo, já que o projeto só será terminado em 2050 — claro, com consequências para as populações e o meio ambiente, mas é proibido falar disso na China. De todo modo, não corre o risco de faltar o cimento necessário. A produção do país é tão grande (devido a uma infinidade de pequenas fábricas criadas nas ondas de industrialização anteriores) que traz um problema de superprodução aos

43 Amy Hawkins, "The Grey Wall of China: Inside the World's Concrete Superpower", *The Guardian*, 28 fev. 2019.

olhos do governo, o qual decidiu em 2018 que qualquer expansão das capacidades produtivas nesse setor estava proibida e que era preciso reduzir a produção. Os próprios dirigentes chineses começam a temer as consequências do maior boom de construção da história. Mas eles não têm escolha: um terço da economia nacional repousa nas construções, sejam elas úteis ou não.

Isso não impede a aceleração do frenesi do concreto. A maior ponte marítima do mundo foi assim inaugurada em 2018: com 55 quilômetros de comprimento, ela liga Hong Kong a Macau e abarca quatro ilhas artificiais e um túnel. Nesse caso, um milhão de metros cúbicos de concreto e dezoito bilhões de euros bastaram.

Mas era preciso ter o maior aeroporto do mundo: o de Pequim-Daxing, inaugurado em setembro de 2019 ao custo de onze bilhões de euros. Não podia faltar a assinatura de uma celebridade da arquitetura pós-moderna, Zaha Hadid, nem o uso de um sistema de reconhecimento facial no interior do aeroporto. Foi projetado para receber 72 milhões de passageiros por ano no início, número que, em algumas décadas, segundo as previsões das autoridades chinesas, deveria passar a 200 milhões (ou 100 milhões, segundo outras fontes, mas não vamos nos apegar a detalhes) — isso se o capitalismo chinês não desmoronar até lá.

Nessa fuga adiante, desenvolveu-se a Iniciativa Cinturão e Rota, chamada originalmente de Nova Rota da Seda. Esse projeto titânico tem o objetivo de ligar a China a grande parte do mundo através de rotas terrestres e marítimas, o que demanda investimentos que superariam de longe tudo que já se viu até aqui. É provável que a política internacional deva girar em torno desse projeto nos próximos anos, porque ele será o palco do confronto entre a China e os Estados Unidos pela supremacia mundial. No âmbito de nosso propósito aqui, basta mencionar que a empresa China National Building Material, a principal produtora de cimento do país, planejou a construção de cem fábricas de cimento em cinquenta países para esse projeto.

Na segunda parte de *Fausto*, publicado em 1831, Johann Wolfgang von Goethe já tinha anunciado que as barragens e os canais desempenhariam um papel bem peculiar na Revolução Industrial, e isso à custa de boa parte da humanidade. Para agradar o imperador, o velho Fausto, com a ajuda do Diabo, cava canais e diques enormes, e a boa e velha Baucis comenta assim:

> Golpes sob o sol ressoavam,
> Mas em vão; em noite fria
> Mil luzinhas enxameavam.
> Diques vias no outro dia.
> Carne humana ao luar sangrava,
> De ais ecoava a dor mortal,
> Fluía ao mar um mar de lava,
> De manhã era um canal.
> (Goethe, 1984, p. 461-2 [2016, p. 553])[44]

Depois, ela própria acaba sendo eliminada, com seu esposo Filemon — ambos vítimas do progresso encarnado por Fausto —, como seres "inúteis".

O CONCRETO SUFOCA E AFOGA

O concreto armado está, portanto, presente no mundo todo em quantidades astronômicas, que se multiplicam a um ritmo impressionante. Mas poderíamos nos perguntar: qual é o problema? Afinal, não são de concreto as matérias plásticas que encontramos na barriga das baleias ou no sangue humano, nem o DDT que contamina os pinguins da Antártida. O concreto não continua ativo na natureza por milhares de anos, como as latas

44 Em *Tudo que é sólido desmancha no ar: a aventura da modernidade*, Marshall Berman propõe uma análise impressionante dessa partida de *Fausto* como uma alegoria da modernidade, que é em parte inspirada em *Goethe e seu tempo* (1951), de György Lukács (1971 [2001]).

de alumínio ou as substâncias radiativas. Não é derivado de fontes de energia fóssil. Não fica preso às árvores. Definitivamente, é apenas calcário, argila, areia, pedra e aço misturados com um pouco de água: materiais muito inocentes.

Mas seria um engano pensar assim, porque o concreto faz mal, armado ou não, tanto em sua utilização como em sua composição — ainda mais porque suas consequências são, em larga medida, invisíveis e exteriorizadas.

Comecemos pelo concreto de modo mais amplo. É possível destacar quatro grandes problemas: a nocividade para a saúde humana; as consequências da extração massiva de areia e pedra para os meios naturais e seus habitantes; o consumo de energia e as emissões de CO_2 (dióxido de carbono ou anidrido carbônico, o principal gás causador do efeito estufa) no momento do "cozimento" do cimento; a esterilização dos solos. Tendo em conta que o uso de certas formas de concreto remonta à mais alta Antiguidade, esses danos existem em princípio há milênios em nosso ambiente. Entretanto, a pequena quantidade de construções em concreto reduzia esses danos a quase nada. Nesse terreno, a nocividade é antes de tudo um problema de quantidade e de limite.

O componente principal do concreto, a areia, está entre os elementos naturais mais difundidos pelo planeta. Mas nem por isso ela é sempre benéfica para a saúde. A silicose, doença pulmonar irreversível que atinge milhões de pessoas todo ano, é causada pela inalação prolongada da poeira de silício cristalino. O silício está presente na maioria dos minerais, ou seja, está por toda parte; sua inalação para além de certos limites é que origina patologias. Diferentes categorias profissionais são particularmente expostas a ele, a começar pelos mineiros, mas também aqueles que trabalham em canteiros de obras onde se utiliza concreto, sobretudo no momento de operações como trituração, desbaste, corte ou jateamento abrasivo. A maioria dos casos é encontrada, sem surpresa, na China, onde o uso do concreto é descomunal e as medidas de proteção são reduzidas, As demolições, assim como as explosões controladas, espalham também grande quantidade de poeira de silício cristalino, que pode provocar outras doenças graves, como câncer de pulmão. Além disso, durante sua manipulação, o cimento pode irritar gravemente a pele e os olhos devido à cal viva (óxido de cálcio) em sua composição, enquanto seu teor de cromo pode provocar alergias.

O concreto prejudica a saúde de outra maneira após a conclusão da obra. Os pisos construídos com esse material são claramente ruins para a postura. Qualquer pessoa que precise passar todos os dias várias horas de pé — em geral, os operários de fábricas — pode sentir com nitidez nos pés, nos joelhos e nas coxas a diferença entre um piso de concreto e outro terreno; doenças como veias varicosas, artrose, fascite plantar (inflamação dolorosa do pé) e tendinite de calcâneo são prova disso. A ergonomia propõe adaptar seus movimentos ao chão (e não o inverso, claro), executando regularmente pequenos movimentos apropriados. Foi observado que até o gado tende a mancar e se deitar de maneira anormal em estábulos que possuem piso de concreto.

Além desses efeitos negativos no homem, o concreto desarranja o clima. E isso sob dois prismas: ele é energívoro e contribui para o aquecimento global. Ao que parece, uma tonelada de concreto traz menos problemas para o meio ambiente do que uma tonelada de petróleo ou de matérias plásticas — são sobretudo as quantidades astronômicas de concreto utilizadas que o tornam extremamente destrutivo. É o material mais usado no planeta depois da água, e, se a indústria do cimento fosse um país, seria o terceiro maior emissor de CO_2, com 2,8 bilhões de toneladas por ano, atrás apenas dos Estados Unidos e da China.

O concreto é, assim, responsável, segundo estimativas, por entre 4% e 8% das emissões mundiais de CO_2 (cada tonelada de concreto produzida gera uma tonelada desse gás). Apenas o petróleo, o carvão e o gás natural conseguem ser piores. Metade disso vem da produção de clínquer, que exige temperaturas muito elevadas. A massa total de concreto já supera provavelmente a massa de carbono de todas as árvores e arbustos da Terra.[45]

A produção do concreto — triturar pedras e britas, levar ao forno a argila e o calcário — exige muita energia, aumentando assim o consumo de petróleo, de energia nuclear e de carvão. Além disso, consome em torno de 10% da água disponível no planeta. Em 2050, segundo um artigo publicado na *Nature*, 75% desse consumo se dará em regiões que dispõem de poucos recursos hídricos. Nas grandes cidades, onde as construções em concreto retêm o calor do sol e das emissões dos carros e do ar-condicionado, elas criam "ilhotas de calor urbano", outra delícia trazida pelo progresso.

Tendo em vista o lugar importante ocupado pela mudança climática nos debates atuais, não é de surpreender que seja a questão da "pegada de carbono" que tenha incitado alguns arquitetos a defender o abandono do concreto,[46] até entre aqueles que dedicaram livros à "beleza do brutalismo".[47] Apesar disso, eles depositam muita "confiança" na indústria, acreditando que ela encontrará alternativas mais ecológicas. Será que podemos pedir ao lobo para virar vegetariano?

Já há alguns anos fala-se muito de "Antropoceno": a mais recente época geológica, de que fazemos parte, seria caracterizada pelo papel desempenhado pelo ser humano, que influencia diretamente a geologia (desertificação, elevação do nível das águas etc.). Outros têm judiciosamente objetado que não é a humanidade que altera a natureza em tão larga escala, mas o estágio capitalista da evolução humana com seu consumo desenfreado

45 Brian Resnick e Javier Zarracina, "All Life on Earth, in One Staggering Chart", *Vox*, 15 ago. 2018.

46 Siufan Adey, "Watch the Architecture of Emergency Climate Summit", *Dezeen*, 19 set. 2019; India Block, "Architects Should Give Up Concrete Say Experts at Architecture of Emergency Climate Summit", *Dezeen*, 20 set. 2019.

47 É possível citar Barnabas Calder, autor de *Raw Concrete. The Beauty of Brutalism* (Penguin, 2016).

de recursos. Propuseram então o termo "Capitaloceno". Com razão. Entretanto, se considerarmos que daqui a cem milhões de anos a camada geológica correspondente à última época da humanidade será ainda reconhecível pelo concreto e pela oxidação do aço (Courland, 2011, p. 14),[48] é preciso também se lembrar do livro (e do filme) *Betonzeit* (Tempo de Concreto ou Idade do Concreto, como se diz Idade do Ferro), cujo subtítulo é "Um panfleto contra a paisagem urbana e suas melhorias", no qual, em 1980, Luis Bredlow, em nome do "Comitê de Pesquisas Antiutópicas", examinava, numa perspectiva influenciada pelos situacionistas, o que os espíritos alemães mais críticos, como o psicanalista Alexander Mitscherlich, já tinham descrito em um livro pioneiro de 1965 como "o caráter nada hospitaleiro de nossas cidades".

O concreto também contribui enormemente para a esterilização dos solos. Como explica muito bem Jonathan Watts, "o concreto encobre vastas áreas de solo fértil, obstrui rios, sufoca habitats e — agindo como uma segunda pele tão dura quanto a rocha — tira nossa sensibilidade com relação ao que acontece fora de nossa fortaleza urbana."[49] O concreto se torna uma carapaça separando os habitantes e o solo, tornando-os indiferentes às suas exigências: "São só viadutos, pontes e túneis, num encadeamento alucinante que praticamente elimina a noção de paisagem no sentido tradicional em proveito de uma espécie de penetração fusional com o suporte geológico da via", nota, acerca das autoestradas, um autor que é, porém, um admirador declarado das obras de Morandi e do concreto em geral (Simonnet, 2019, p. 57). As superfícies exteriores cobertas de concreto e asfalto, tão práticas de fazer, destroem as infraestruturas naturais sem substituir as funções ecológicas de que depende a humanidade para a fertilização, a polinização, o controle das marés, a produ-

48 O livro de Courland é um dos mais completos sobre o tema.

49 Jonathan Watts, "Concrete: The Most Destructive Material on Earth", *op. cit.*

ção de oxigênio e a purificação da água. Elas contribuem para a diminuição da biodiversidade por causa da transformação da natureza selvagem em terrenos agrícolas, zonas industriais e moradias. As inundações cada vez mais graves que regularmente atingem nos dias de hoje inúmeros países são, como se sabe, em boa parte consequência da *cimentação* do solo que impede o escoamento rápido das águas. Assim, na Itália, a superfície concretada aumenta todo ano em média 52 quilômetros quadrados — ou seja, dois metros quadrados por segundo. Depois de cada cheia catastrófica, acusa-se "a concretagem exagerada dos solos", apenas para esquecer disso logo depois. As inundações espetaculares em Nova Orleans (o furacão Katrina em 2005, que deixou quase dois mil mortos) e em Houston (o furacão Harvey em 2017) foram de rara violência porque as ruas não conseguiam absorver a água, e os diques de concreto se revelaram inadaptados para suportar condições climáticas tão extremas. Os rios, aprisionados em camisas de força de concreto e cujo leito muitas vezes foi dragado para fabricar concreto (sofrendo assim duplamente as causas desse material...), são as primeiras vítimas e transbordam em cada pequena cheia.

POR UM GRÃO DE AREIA

"Como a areia que está na praia do mar." Essa frase tirada da Bíblia indica uma quantidade quase infinita de alguma coisa, e se tornou proverbial em diferentes línguas. E no entanto... a areia se tornou uma fonte preciosa que pode até desencadear conflitos mortais. O concreto, que exige principalmente areia, logrou esse milagre. No capitalismo, as coisas mais básicas se tornam raras e caras. A areia entrou no inferno do extrativismo, que é em si a demonstração material do fato de que a sociedade mercantil em sua fase final joga tudo que existe no caldeirão da valorização para garantir mais uma prorrogação de sua "vida" sob perfusão.

Quarenta bilhões de toneladas de areia e cascalho são extraídas todo ano no mundo e destinadas em grande parte à produção de concreto. Em trinta anos, a demanda mais que triplicou.

Não se fala muito disso, mas, em todo o planeta, rios e praias são saqueados, terrenos agrícolas e florestas são devastados para extrair esse novo ouro. A areia do deserto não costuma ser utilizável, porque os grãos, polidos pelo vento e não pela água, são muito redondos para se agregar entre si. Assim, a cidade de Dubai, situada no meio do deserto, importa areia da Austrália para construir ilhas artificiais e se expandir.

Inúmeros grandes lagos viram seu nível de água baixar drasticamente, com graves consequências tanto para o meio ambiente quanto para as atividades de subsistência das populações locais. O maior lago da China, o Poyang, também é a maior mina de areia do mundo. A quantidade dali extraída é maior que a das três principais minas de areia dos Estados Unidos juntas. Retira-se dali perto de um milhão de toneladas de areia por dia,[50] que em seguida é enviada de ponta a ponta do globo. A cidade-Estado de Singapura importa areia da Indonésia e da Indochina, a ponto de ter se tornado o maior importador de areia do mundo. As consequências são vistas por toda parte: praias inteiras desaparecem, pontes desabam por causa da erosão das fundações, duas dúzias de ilhas na Indonésia simplesmente desapareceram.

É claro, há regulamentações, e alguns países como a Indonésia, a Malásia e o Vietnã proibiram ou limitaram as exportações de sua areia. Mas isso não muda o jogo. A extração de areia se tornou um dos grandes negócios do crime organizado em inúmeros países, alimentando um mercado clandestino gigantesco. A maioria das extrações fora do mundo ocidental acontece den-

50 "Pénurie de sable : pourquoi nous allons devoir bientôt y faire face", *Mr Mondialisation*, 19 abr. 2018. As informações citadas sobre o tráfico de areia também provêm desse artigo. Nele, ficamos sabendo que são necessárias duzentas toneladas de areia para construir uma casa, e trinta mil toneladas para um quilômetro de rodovia.

tro da mais pura ilegalidade, ou ultrapassando amplamente as cotas, devido à corrupção das autoridades. A situação mais dramática é a da Índia, onde o boom da construção civil fez surgir "máfias da areia" que matam impiedosamente seus rivais, assim como os habitantes contrários às dragagens que costumam destruir suas atividades econômicas, como a pesca e a agricultura. Depois da morte de centenas de pessoas, várias associações de defesa se formaram, cujos mártires por vezes chamaram a atenção da mídia.[51] A Argélia, o Marrocos, o Senegal, a Jamaica e as Maldivas também estão entre os países mais atingidos por esse novo flagelo.

As relações entre o crime organizado e o concreto não param na questão da areia. Embora não possamos imputar a responsabilidade por isso à sua composição material, e partindo do pressuposto de que construções com outros materiais poderiam produzir o mesmo fenômeno, não deixa de ser notável o fato de que, onde há concreto, há corrupção, lobby, capitalismo selvagem. Na França, a empresa tentacular Vinci é prova disso (Casinière, 2013). Na América Latina, os maiores escândalos de corrupção costumam ser ligados a obras públicas: no Brasil, basta citar a carreira do sulfuroso Paulo Maluf (fala-se em mais de duzentos milhões de dólares recebidos ilegalmente) e a empresa Odebrecht, que teria pagado cerca de um bilhão de dólares em propina por toda a América Latina, contribuindo, assim, depois que os escândalos vieram à tona, com a queda de governos do Partido dos Trabalhadores (PT) e a prisão de todos os recentes ex-presidentes do Peru. Talvez não seja culpa do concreto, mas não deixa de ser significativo que a Máfia adore dar fim a seus cadáveres concretando-os sob as fundações.

51 Vince Beiser, "Sand Mining: the Global Environmental Crisis You've Probably Never Heard of", *The Guardian*, 27 fev. 2020.

Até aqui mencionamos os danos do concreto enquanto mistura de minerais. Mas, como temos frequentemente dito, sua presença massiva no mundo está vinculada à sua ligação perigosa, mais fecunda, com o aço. Em sua forma armada, as consequências do concreto dizem respeito não somente à saúde e ao meio ambiente, mas também à própria arte de construir. A presença do ferro nas alvenarias desde cedo foi controvertida. Em 1561, o arquiteto Philibert de l'Orme já tinha escrito em suas *Nouvelles Inventions pour bien bâtir* que tinha visto advir "um grande mal aos prédios pelo uso de ferro nas alvenarias e nas pedras de cantaria: porque o ferro enferruja e, enferrujando, incha e racha pedras e paredes que, assim, não têm como durar muito tempo" (*apud* Fredet, v. 1, 2003, p. 52). Evidentemente, não se trata de concreto armado, e sim de estruturas de ferro combinadas com pedra ou tijolo. Mas o problema era o mesmo: o ferro e o aço enferrujam em contato com a umidade. Além disso, o mineral e o metal não têm o mesmo coeficiente de dilatação e, em geral, comportam-se de forma muito diferente.

> A maior fragilidade do concreto reside na corrosão potencial de suas armaduras, e é por causa disso que ele perece (oxidação e aumento de volume do aço, sobretudo pela insuficiência de revestimento da armadura, fissuração e estouro do concreto). [...] Infelizmente, é difícil fazer frente às disfunções que aparecem em partes exteriores de obras de concreto armado expostas às variações hidrotérmicas tanto do dia a dia quanto das estações, e cujas partes interiores estão em contato direto com um ambiente mantido numa temperatura mais ou menos constante. Os defeitos na cobertura em concreto das armaduras ou na própria composição do concreto se conjugam com os choques térmicos, o que multiplica as fissuras de retração, o estouro dos revestimentos, que são vias insidiosas de infiltrações que fragilizam as obras com o tempo. (Fredet, v. 2, 2003, p. 93, 98.)

Independentemente da espessura dos revestimentos da armadura, as fissuras aparecem no concreto com o tempo, permitindo que a água se infiltre até alcançar o ferro, que oxida, aumenta de volume e estoura toda ou parte da obra. *Gutta cavat lapidem.* "Setenta por cento das patologias do concreto se devem à corrosão" (Simonnet, 2019, p. 111), constata um especialista. Isso já se sabe. Todo o problema reside em perceber a questão para poder remediá-la, o que está longe de ser fácil e envolve sobretudo um alto custo.

As insuficiências térmicas dos imóveis de concreto armado engendram duas outras maravilhas de nossa vida contemporânea: os isolantes térmicos, como a lã de vidro, e o ar-condicionado — uma das invenções mais inúteis e nocivas da humanidade, e desconhecida no tempo em que ainda se sabia construir. *Pesadelo climatizado* (1945), de Henry Miller: raramente um título foi mais apropriado! Ter transformado o ar respirável em mercadoria, depois da água, é uma das grandes jogadas de mestre do livre mercado. Em sua "casa de respiração exata", Le Corbusier queria substituir as janelas por "painéis de vidro" herméticos, inclusive na América Latina. Ele rebatia os críticos com esta frase: "Para arejar, a gente vê depois!". Uma circulação "interna" e mecanizada do ar deveria criar uma habitação protegida do mundo exterior, dos ruídos, da poeira, de tudo — até mesmo contra a vontade declarada dos moradores envolvidos. Na Cidade de Refúgio que ele construiu para o Exército da Salvação em Paris em 1933, Le Corbusier experimentou pela primeira vez, *in corpore vili*, o "ar pulsado", criando um calor sufocante mesmo na creche, até que as autoridades mandaram instalar imediatamente janelas que se abrissem (Barancy, 2017, p. 63-70).

E querem nos fazer acreditar que antes dessa invenção todo mundo necessariamente morria de calor no verão! Fizeram um esforço imenso para jogar no esquecimento todas as técnicas tradicionais que permitem modificar a temperatura: desde as propriedades isolantes das coberturas de palha ou de junco até os canais de água refrescante dentro dos palácios árabes (no castelo da Zisa em Palermo, que data do século XII, ainda é possível admirar o sistema sofisticado de circulação interna do ar que esfria passando por cima de grandes tanques de água). Outro exemplo vem do Paquistão, onde pedaços de tecido fixados no teto canalizam o vento no verão para o interior das casas (Rudofsky, 1980, p. 97). A epidemia de covid-19 chamou a atenção para o papel da climatização na difusão de vírus e bactérias.

As construções romanas em concreto que ainda existem depois de dois mil anos — notadamente as pontes — deram a ilusão a arquitetos e engenheiros modernos de que eles podiam ter êxito na mesma façanha se perscrutassem o "segredo" do concreto romano.[52] Como vimos, James Parker vendeu sua invenção usando esse nome. O concreto era, portanto, associado à ideia de uma longevidade extrema, quase eterna.[53] Acabaram-se as pedras sem juntas. Resistente ao fogo. Praticamente sem necessidade de manutenção! Em seguida, o encanto se quebrou. Durante a grande onda do concreto dos anos 1960, que tinha produzido, entre outras, a ponte Morandi, os arquitetos ainda estavam muito orgulhosos de suas construções, que, acreditavam, durariam um século (pretensão, portanto, já muito reduzida em relação aos construtores do Panteão romano). Hoje, sabe-se que a maioria das estruturas em concreto armado vai durar no máximo cinquenta anos: é o tempo de vida útil mais curto entre todos os principais materiais de construção, com exceção das matérias

52 Não há "segredo": o fato é que o concreto sem aço — não armado — pode durar muito mais do que o concreto armado. Mas seu uso é muito limitado. Além do mais, as paredes eram cinco a dez vezes mais espessas do que as de concreto atual (com exceção das centrais nucleares).

53 A marca comercial Eternit, que em muitos países como a Itália tinha quase o monopólio do cimento-amianto e se tornara sinônimo dele, devia seu nome a sua "eternidade" presumida (patente de 1901). Essa "eternidade" custou a vida de milhões de pessoas e agora está sendo retirada de todo canto a custos enormes (evidentemente, não passa pela cabeça de ninguém fazer os fabricantes pagarem, apesar de as primeiras dúvidas acerca da nocividade do amianto terem sido expressadas já nos anos 1920).

plásticas e outros derivados do petróleo que também são usados em partes não estruturais. Para além dessa duração, essas construções exigem intervenções de manutenção permanentes, com o risco de sair mais caro que demolir e reconstruir.

Hoje, quase nenhum produto é utilizado por um tempo tão prolongado quanto o que seria tecnicamente possível. É preciso trocar de sapatos, assim como de carro, o máximo que der — sob pena, para o indivíduo, de não estar mais na moda e, para o modo de produção capitalista, de ver a reprodução do capital perder o ritmo. É o fenômeno da *obsolescência programada* de que todo mundo se queixa hoje em dia, até os que vivem dela. A impossibilidade de consertar a maioria dos objetos faz o resto. Quem vai mandar consertar uma torradeira que custou o valor de um almoço num restaurante barato, e quem vai consertar suas meias com ovo de cerzir? Mas a ideia da obsolescência programada pode nos surpreender ainda mais quando se trata de construções. A associação entre uma construção e a longuíssima duração, para não dizer a eternidade, faz parte do imaginário. Uma pessoa que compra uma moradia o faz no mais das vezes com a ideia de poder transmitir uma coisa sólida e duradoura aos filhos, diferentemente do que acontece com quase todos os outros objetos. Mas as construções também morrem... sobretudo depois que passaram a ser feitas em concreto. É mais uma vez Jacques Fredet (v. 1, 2003, p. 134-5) que resume bem a situação:

> A duração da vida útil das construções diminui. A antiga superabundância de obras estruturais de relativa autonomia umas das outras aguenta tradicionalmente a usura no tempo tendo em conta as diversas formas de alteração e desordem inerentes ao uso; esse excedente possibilita ao mesmo tempo suportar um conjunto de imprevistos cujo leque não é racionalizável, nem calculável, e provavelmente não precisa sê-lo, independentemente do que pensam os partidários do controle completo da concepção das construções por uma lógica binária; e a história mostra que a primeira qualidade material de uma construção é durar (ver o significado do princípio vitruviano

da *firmitas*). [...] A edificação tende hoje a ser considerada como um simples instrumento funcional, descartada depois de cumprida sua missão durante o tempo da amortização do custo de sua realização — seu aspecto de conteúdo social sedimentado, elemento formador da cidade histórica, desaparece. A função simbólica da construção (manifesta ou latente) é deixada de lado. A cidade pré-industrial e o território rural a ela associado dão lugar à aglomeração moderna, considerada como uma infraestrutura de equipamento e produção industrial, em novas escalas territoriais; as construções, sobretudo residenciais, apresentam-se como superestruturas periodicamente reformáveis (utilitarismo associado à obsolescência programada).

Claro, a obsolescência não é um problema para aqueles que detestam tudo que é velho. Já vimos que o futurista Sant'Elia previa ciclos rápidos de destruição e reconstrução. Em 1941, em seu livro *Destruction de Paris*, o escritor Georges Pillement pintou o retrato do engenheiro-topógrafo a cargo do plano urbanístico da capital francesa, responsável pela delimitação das chamadas "ilhotas insalubres" que darão lugar a novos terrenos livres para a construção, forçando o deslocamento da população: "O sr. Mestais [...] é um parisiense que acha que ama Paris, mas segue a tradição de seus antecessores ou as ordens que lhes dão. [...] Ele está convencido de que toda casa que tem mais de cem anos transpira bactérias por todos os poros, que ali as mortes por tuberculose são diretamente proporcionais à idade da casa". Em 1957, o administrador do departamento do Sena,[54] Émile Pelletier, anunciou que "o critério para a remodelação da ilhota deve ser buscado na vetustez e no uso inadequado, mais do que nas condições de higiene" (Fredet, v. 1, 2003, p. 142).

54 O Departamento do Sena era a jurisdição administrativa que incluía a cidade de Paris. Em razão do crescimento urbano, esse departamento foi desmembrado em 1968, e Paris passou a constituir um departamento independente. [N.E.]

Se as construções em concreto armado deverão ser rapidamente demolidas, a questão dos *resíduos* se impõe. O que se deve fazer com os restos? Mais uma vez, o concreto conseguiu passar despercebido: os resíduos de matérias plásticas, vidro, metal, assim como as baterias elétricas em quantidade cada vez maior, estão muito mais presentes no debate público, sem falar dos resíduos nucleares. Mas aqui também nos enganamos: dar fim aos escombros do concreto é um verdadeiro problema. A China produz dois bilhões de toneladas de resíduos de construção por ano: como em outras partes do planeta, a maioria é simplesmente jogada em aterros sanitários (um quarto dos resíduos é de concreto armado), no melhor dos casos, ou apenas abandonados em qualquer lugar.

A reciclagem do concreto é possível — mas é uma exceção, não a regra. Observam-se grandes variações de um país para outro: no Brasil, menos de 1% é reciclado; na China, na Finlândia, na Grécia e em Chipre a cifra mal alcança 10%; no Japão e em diversos países europeus, chega a 90%. No entanto, essa reciclagem é com frequência o que se chama de *downcycling*, ou seja, o concreto reciclado serve para aterrar autoestradas (como lastro rodoviário), enquanto, para as construções, continua-se a usar em geral o concreto novo. É difícil separar o aço do concreto, e a reciclagem é considerada na maioria dos casos como "antieconômica". Em todos os setores, é evidente a constatação de que as empresas não pagam o custo ambiental de seus atos.

As construções em concreto armado não mais utilizáveis, no entanto, nem sempre são demolidas, e seus escombros nem sempre são descartados em algum lugar ou reciclados. Com muita frequência, elas permanecem em estado de ruínas, mais ou menos deterioradas. O mesmo discurso vale tanto para o concreto quanto para quase todos os produtos e zonas produtivas da era industrial: uma vida útil muito curta e sequelas quase eternas. No caso das construções em concreto armado, é preciso acrescentar a essa vida útil indesejável outro aspecto específico: a *feiura* dos escombros que deixam para trás. Os movimentos revolucionários do passado não raro afirmaram que não herdariam senão ruínas. Assim, em 1936, o anarquista espanhol Buenaventura Durruti explicava que

> nós não temos medo das ruínas. Somos capazes de construir também. Fomos nós que construímos os palácios e as cidades da Espanha, da América e todas as outras. Nós, trabalhadores, podemos construir cidades para substituí-las. E nós as construiremos muito melhor; e nós não temos medo de ruínas. Vamos receber o mundo de herança. A burguesia pode explodir e demolir seu mundo antes de sair da cena da história. Nós trazemos um mundo novo em nossos corações.[55]

Agora, herdar apenas ruínas se tornou uma perspectiva de fato assustadora!

As ruínas tiveram um papel fundamental na cultura europeia, e não apenas durante o período romântico. Na Europa, ao contrário da China e de outros países, todo mundo sabe que a relação com o passado se apoia em larga medida nos vestígios materiais das épocas anteriores. Não se trata apenas das ruínas de construções famosas, como as do Fórum Romano ou do Castelo de Peyrepertuse: inúmeras pessoas também sentem viver uma "experiência estética" ao ver uma casa camponesa antiga em ruínas, coberta de heras, no meio de uma floresta. O que aparece como particularmente fascinante é com frequência a reapropriação da construção pela natureza, o retorno dos elementos utilizados pelo homem a seu estado primeiro sob o efeito das condições climáticas: as pedras talhadas que vão se arredondando com o tempo e parecendo de novo pedras do campo, as vigas de madeira que apodrecem como árvores mortas, as telhas

55 Entrevista ao jornal canadense *Toronto Daily*, 18 ago. 1936, citada em Paz (1972).

que se desmancham e se misturam à terra. Em contrapartida, os materiais modernos — o concreto, o aço, o vidro, o acrílico, as matérias plásticas, os pisos de borracha, a lã de vidro, a fibra de cimento, as chapas metálicas onduladas — nunca mais retornam ao estado de natureza, ou somente o fazem depois de um tempo que é da ordem do geológico. Quase todo mundo concordará que os restos de concreto são horríveis de ver. Até o entusiasta mais fanático do modernismo terá dificuldade para se extasiar diante de um hangar de cimento, de amianto ou de chapa de metal ondulada que cai em ruínas.[56]

Como dissemos, são os edifícios de concreto armado degradados e horríveis de Chandigarh que revelam a verdadeira face da arquitetura de Le Corbusier, e não seu aspecto no dia da inauguração. Uma pessoa competente em programas como Photoshop deveria nos fazer uma projeção de como ficarão um dia a Cidade Radiante, o Centro Pompidou ou o Museu Guggenheim de Bilbao.

Em outras palavras, as ruínas que esta civilização deixará atrás de si estarão à altura de seus meios e de suas ambições. As construções da Antiguidade cumpriram suas funções durante alguns séculos, mas suas ruínas sempre encheram de regozijo os amantes da arte! A *venustas* e em parte a *firmitas* sobreviveram muito mais se comparadas à *utilitas*. Já as construções brutalistas inacabadas e abandonadas fazem a alegria dos fotógrafos. Com relação a isso, é possível encontrar na internet verdadeiros concursos bastante instrutivos. O St. Peter's Seminary, na Escócia, construído pelos brutalistas Isi Metzstein e Andy MacMillan, do escritório de arquitetura Gillespie, Kidd & Coia, parece ser uma espécie de

56 Existe, entretanto, a "arqueologia industrial" que quer preservar o "patrimônio industrial", assim como toda uma área da fotografia, um misto de documentário e arte, que tem por objeto instalações e edifícios modernos abandonados. É também muito popular entre os fotógrafos amadores. A relação com a estética das ruínas aparece aí de forma bastante variada, posto que paradoxal: trata-se de encontrar um valor estético ao que se considera habitualmente "feio". Estamos, portanto, muito mais no terreno do *trash*.

modelo disso.[57] Ninguém quer, nem de graça! Frequentemente, alguns edifícios se tornam ruínas antes mesmo de começarem a ser usados. Cidades inteiras foram construídas na Espanha durante a bolha imobiliária dos anos 2000. Ao anoitecer, só se vê agora uma única luz brilhando no meio de um conjunto de prédios de dez andares... Bem mais pitorescos são os castelos fajutos na Turquia: o projeto Burj al Babas, perto de Mudurnu, ergueu por volta de setecentas imitações dos castelos da Loire (do tamanho de uma casa grande), em estilo Disneylândia, destinadas a uma clientela rica — mas a empresa faliu antes da inauguração, e é muito provável que tudo logo se transforme em ruínas.

Essas desvantagens do concreto armado são muito mais conhecidas hoje do que há quarenta anos — e são admitidas por boa parte dos "especialistas". Porém, a resposta apresentada até pelos espíritos mais críticos nunca (ou quase nunca) consiste numa incitação ao abandono de seu uso. Como em geral acontece diante da crise climática, deseja-se continuar trilhando o mesmo caminho, mas de maneira um pouco mais apresentável. Ou seja, o bom e velho *greenwashing*.

Visto que os promotores do concreto armado têm consciência de que seu produto não goza mais de uma reputação tão imaculada como nos bons tempos do entusiasmo pelo progresso, tentam "enverdecer" seu material, não raro literalmente. Eles se esforçam também em dissociar o concreto do brutalismo, das moradias básicas e das soluções padronizadas. Assim, os construtores expõem aos clientes uma proposta básica de habitação, que podem em seguida ornamentar como quiserem — é a *customização* ou "personalização" do produto.

A existência dessas propostas não quer dizer que sejam adotadas em larga escala: elas costumam ser mais caras e consumir mais energia. O concreto tradicional é tão barato e fácil de usar

57 India Block, "Catholic Church Would Give Brutalist Ruin of St. Peter's Seminary Away for Nothing", *Dezeen*, 15 jan. 2019.

que as indústrias não se mostram muito inclinadas a abandoná-lo, nem mesmo parcialmente. Mas, embora alguns industriais do concreto tenham começado a adotar técnicas menos "energívoras", essa diminuição do consumo de energia é fortemente compensada pelo aumento do consumo de concreto — logo, de energia — nos "países emergentes". Assim, surgem uma após a outra ideias que nunca darão certo, embora sirvam para aliviar um pouco o peso da consciência: por exemplo, a ideia de taxar o concreto, algo parecido com a taxa de carbono. O imposto funcionaria tão bem quanto os outros "direitos à poluição".

A resposta também não pode consistir em "casas verdes", nas quais o isolamento é feito com pneus velhos. Essa solução lembra a ideia de reforçar as margens de um rio com carcaças de carros velhos, como tinha denunciado em seu tempo Bernard Charbonneau (2019, p. 122).

Considerando que até a perspectiva do concreto "ecológico" ou "alternativo" é pouco promissora, há aqueles que convocam os "cidadãos" a "retirar seus investimentos" das indústrias do cimento que não se comprometem o bastante em reduzir suas emissões. Será que são os pequenos acionistas que vão salvar o planeta? Não seria mais racional organizar procissões em devoção a alguns santos?

Fizemos a lista de certa quantidade de problemas provocados pelo concreto armado, e até "desarmado". Mas seu pecado mais grave talvez esteja naquilo que é visto como seu maior mérito: ter possibilitado a arquitetura moderna. O próximo capítulo será dedicado a isso.

— CAPÍTULO 4 —

Construir sem concreto e sem arquitetos

O que o concreto armado tornou possível? Seus apologistas dizem que, "em termos arquitetônicos, o concreto introduziu princípios novos no design e permitiu a construção de projetos como as conchas da ópera de Sidney ou a cúpula suspensa do Museu de Arte Contemporânea de Niterói, projetada por Oscar Niemeyer — construções que são com frequência descritas como revolucionárias por causa das formas que antes não podiam ser executadas".[58] Podemos discutir se as obras citadas merecem toda a atenção que lhes é dada normalmente; o certo é que constituem apenas uma parte ínfima de todas as construções de concreto armado no mundo, e que uma justificativa desse nível equivale mais ou menos à afirmação de que a bomba atômica produziu de todo modo um resultado (aparentemente) positivo: a descoberta do teflon para as frigideiras.

A pergunta a fazer é, antes de tudo, a seguinte: o que *desapareceu* por causa do concreto armado? O que ele tornou *impossível* — não em princípio, mas de fato? O que ele substituiu? Que papel desempenhou na perda dos conhecimentos práticos e no declínio da artesania na construção? Quantas capacidades, competências no campo da construção foram perdidas por causa do concreto e de sua facilidade?

58 Adrian Forty, "Concrete? It's Communist", *op. cit.*

Evidentemente, nem sempre há uma correlação direta entre o concreto e as feiuras modernas. Não vamos fazer aqui como a geógrafa inglesa Alice Coleman, que, no livro *Utopia on Trial* (1985), acusou o concreto e as arquiteturas construídas com esse material de serem os únicos responsáveis pela criminalidade e pelos comportamentos "antissociais" em alguns bairros ingleses a partir dos anos 1960, sem levar em consideração a pobreza e a exclusão que andavam de mãos dadas com o concreto nesses locais.

É possível erigir construções de estilo brutalista, ou de todo modo "brutais", também em alvenaria, e talvez até em maneira artesanal.[59] E, vice-versa, não é impossível fazer alguma coisa bonita com o concreto. Além do mais, o concreto armado não é sinônimo de arquitetura moderna; somente uma pequena parte desse material é efetivamente usado em arquitetura. As obras de engenharia civil — as barragens em primeiro lugar, mas também pontes e estradas: ou seja, as grandes infraestruturas — consomem a maior parte dele.

O ASSASSINATO DAS ARQUITETURAS TRADICIONAIS

O concreto armado desempenhou um papel central no desaparecimento, para não dizer assassinato, das arquiteturas tradicionais. É um material sempre uniforme, produzido hoje de maneira industrial e que, assim que se ultrapassam os pequenos volumes, leva a uma divisão de tarefas entre o arquiteto ou o engenheiro, especialista diplomado pelo Estado, e os simples operários sem

59 O termo "brutalismo" foi popularizado pelo teórico da arquitetura inglês Reyner Banham em seu ensaio *The New Brutalism* (1955), que se referia explicitamente ao "concreto bruto" francês (e também à "arte bruta"). Mas Banham parece ter retomado o termo do arquiteto sueco Hans Asplund, que tinha falado de "Nybrutalism" se referindo à casa de tijolos construída por colegas em Uppsala em 1950.

qualificação, os "braços". Exige também toda uma cadeia de fornecedores que pressupõe, na prática, a existência de estruturas estatais e um mercado desenvolvido, cuja implantação se generalizou depois da Segunda Guerra Mundial:

> Uma mutação aconteceu de fato em torno da maneira de conceber e construir uma edificação a partir desse limiar decisivo. Ela diz respeito a princípio aos novos materiais de construção e, em paralelo, o que se esquece de mencionar, aos que foram eliminados — pouco a pouco ou brutalmente, mas sempre sob os aplausos unânimes do engenheiro tecnófilo e do arquiteto progressista. A alvenaria tradicional feita com pedras de extração regional desaparece na França pouco antes da Segunda Guerra. Os produtos manufaturados (acabados ou semiacabados) substituem totalmente os antigos, pré-industriais, no momento da chamada "Segunda Reconstrução" (1955-1965). E, quando se fala de materiais de construção, é preciso incluir os conhecimentos práticos associados. A divisão do trabalho, a maneira de projetar e construir, se transformam em mais ou menos vinte anos, o que é um tempo curtíssimo comparado à sua espantosa estabilidade durante dez séculos. (Fredet, v. 3, 2015, p. 313)

As arquiteturas ditas "tradicionais" ou "vernaculares"[60] são tantas e tão diferentes que sua simples enumeração poderia preencher este livro. Prefiro, portanto, me concentrar em algumas de suas características comuns espalhadas por todo o mundo. Em primeiro lugar, as arquiteturas tradicionais são tão variadas

60 É possível encontrar os termos arquitetura "tradicional", "anônima", "vernacular", "espontânea" ou "arquitetura das pessoas" (e não "para as pessoas"). O termo "arquitetura vernacular" foi amplamente propagado nas últimas décadas e inspirou a vasta *Encyclopedia of Vernacular Architecture of the World*, organizada por Paul Oliver (1997). É um termo que pode convir e ainda apresenta a vantagem de estabelecer uma conexão com o conceito de "vernacular" de Ivan Illich. Mas é preciso distinguir esse termo do uso que é feito por Robert Venturi em 1972 em *Learning from Las Vegas* (Venturi, Scott Brown & Izenour, 1977), no qual a palavra indica as construções suburbanas e comerciais nos Estados Unidos.

quanto os lugares onde surgem. Seu aspecto principal é o caráter *local*. Elas participam da capacidade do gênero humano de construir com um número bastante limitado de elementos de base e com uma enorme riqueza de soluções, sempre adaptadas ao contexto. É um caso similar aos milhares de línguas que existem, às culinárias, às vestimentas, às mitologias, às músicas, às prosódias e às medicinas. Se o próprio fato de termos criado *uma* língua, *uma* narrativa de origem do mundo, *uma* moradia, *uma* melodia já é um milagre, é ainda mais milagroso que cada uma dessas criações tenha sido repetida milhares de vezes. A engenhosidade humana está distribuída de maneira bastante igualitária pelo mundo, e se, por exemplo, os europeus inventaram a escrita fonética, a imprensa ou o concreto armado, nunca lhes passou pela cabeça criar a rede ou o bumerangue.

Se *todas* as maneiras tradicionais de construir são *locais*, se sua unidade consiste em sua diversidade e vice-versa, isso pode ser visto primeiramente nos *materiais*: sempre se recorre a materiais presentes no próprio lugar, ou nas proximidades. É a primeira razão da diversidade das arquiteturas pré-modernas. Isso significa que elas estão em harmonia com o meio natural e, sobretudo, se apresentam como um *prolongamento* desse meio. As casas construídas com a pedra encontrada no solo local parecem ser muitas vezes emanação desse chão, uma excrescência espontânea, um desenvolvimento natural, uma flor que nasce daquela terra. A cultura não se opõe à natureza, ela a completa e até mesmo faz parte dela, partilha do mesmo espírito, encarna seu princípio vital. As casas da região de Auvergne são cinzentas como o Maciço Central granítico, as casas do Périgord são amarelo-ocre como o calcário que ali predomina. Até hoje, quem atravessar a França por pequenas estradas que passam pelos vilarejos, a cada centena de quilômetros, no máximo, se verá diante de novas cores de casas, com estilos diferentes. É possível saber se ainda se está no Périgord ou já em Quercy sem precisar olhar as placas ou o mapa: basta observar as escadas de entrada, entre outras coisas. E esse discurso não se aplica somente às zonas rurais:

até as cidades pré-modernas foram construídas com materiais disponíveis *in loco* (assim, a Paris medieval foi construída com as pedras, a gipsita e a areia extraídas de seu subsolo). Com frequência, essas construções incorporam particularidades do terreno, como montículos, partes de pedreiras ou riachos, em vez de nivelá-las antes de qualquer coisa ser construída.

Economizam-se assim tempo e energia, e não há desperdício com o transporte dos materiais nem grandes danos infligidos à natureza. Quando essas construções caem em ruínas, tornam a ser assimiladas ao terreno de onde surgiram, misturam-se a ele, fundem-se nele como se fossem entrar em sua matriz. Encontramos por vezes ruínas, sejam elas de uma casa camponesa ou de um castelo, que parecem essas pedras naturais diante das quais poderíamos dizer: parecem quase ruínas. É a reconciliação do homem com a natureza, a restituição do que lhe foi tomado de empréstimo. Início de uma nova construção, de um novo ciclo também. O homem tira assim proveito da enorme diversidade das condições naturais, em lugar de se opor a ela. Essas construções se integram à paisagem; melhor, elas a completam. Talvez seja a própria natureza que se completa e utiliza o homem para se perfazer, para realizar seus desígnios velados. Estamos diante de uma paisagem antropizada — o que contradiz tanto o projeto de "controle da natureza" quanto o ecologismo pseudorradical (*deep ecology* ou primitivismo) que pretende que o gênero humano é necessariamente, sempre e onde quer que esteja, danoso para a natureza, pelo menos desde o fim do Paleolítico.

Essas considerações não têm nada de "místico", como alguns poderiam acreditar, mas constituem uma variação dos pensamentos do jovem Marx nos *Manuscritos econômico-filosóficos*, de 1844:

> Portanto, a *sociedade* é a unidade essencial completada (*vollendete*) do homem com a natureza, a verdadeira ressurreição da natureza, o naturalismo realizado do homem e o humanismo da natureza levado a efeito. [...] A natureza que vem a ser na história humana — no ato de surgimento da história humana — é a natureza *efetiva*

do homem, por isso a natureza, assim como vem a ser por intermédio da indústria, ainda que em figura *estranhada*, é a natureza *antropológica* verdadeira. [...] A história mesma é uma parte *efetiva* da *história natural*, do devir da natureza até o homem. (Marx, 2007, p. 147, 153 [2004, p. 107, 112])

O que espanta nas maneiras tradicionais de construir é a grande variedade de materiais e sua perfeita adequação ao objetivo. A pedra talhada permanece um dos melhores materiais já utilizados. Hoje, foi deixada de lado por causa de seu "custo elevado"! Ela se tornou um material de luxo para os ricos. Mas ela só pode sê-lo na sociedade da obsolescência programada, aplicada às moradias. Basta ampliarmos o horizonte temporal e podemos fazer um cálculo simples: colocando o tempo de realização de uma construção em pedra talhada, incluindo o tempo de talha e o transporte da pedra, com a vida útil prevista para essa construção, dá para ver o ganho em matéria de economia de tempo. Um grande esforço primeiro, mas um longo repouso depois. Esse já era o argumento de William Morris. Mas o que aconteceria com todos esses empregos no setor da construção civil? O melhor é que as moradias comecem a cair em ruínas depois que seus proprietários tiverem terminado de pagar seu financiamento — em média 20 ou 25 anos.[61]

Do lado oposto, o material aparentemente menos sólido é a taipa de pilão, ou seja, a terra crua comprimida. É a técnica mais antiga do mundo, junto com a pedra. Ela é bem mais durável do que se pensa — contanto que fique protegida da chuva, notadamente com um teto; existem construções feitas de terra que têm

61 Em 1944, Theodor W. Adorno já notava que havia se tornado impossível "morar" realmente num lugar: "A casa é coisa do passado. A destruição das cidades europeias, assim como os campos de trabalho forçado e de concentração, apenas dá prosseguimento, como executores, àquilo que o desenvolvimento imanente da técnica há muito tempo já decidiu acerca das casas. Estas são como as latas de conserva velhas" (Adorno, 1980, §18 [1992, p. 32]).

vários milhares de anos. Como demonstra a arquitetura espetacular da capital iemenita, Saná, é possível até construir edifícios de dez andares em taipa de pilão. Mas não é preciso ir tão longe: na antiga província de Lionês, na França, existia uma longa tradição de construção em taipa de pilão. É um material perfeitamente reciclável e reutilizável, mas que demanda manutenção. Existem hoje tentativas de revitalizá-lo em nome do "desenvolvimento sustentável". As armaduras também podem ser fabricadas de maneira mais simples, sem que seja necessário recorrer a metais: armaduras em bambu, de extrema resistência, foram utilizadas durante muito tempo na China e na América Latina em construções de taipa de pilão e cal, mas hoje estão esquecidas.

As vantagens térmicas das construções tradicionais são muito conhecidas. Uma grande variedade de técnicas possibilita manter o calor no inverno e refrescar o ar no verão com esforço mínimo. Porões funcionam como refrigeradores. Claro, setores como um todo da indústria contemporânea desapareceriam se voltássemos a esses dispositivos técnicos simples e diretamente ajustáveis. Em contrapartida, boa parte da crise ecológica estaria resolvida, considerando o impacto da calefação excessiva, da climatização e das geladeiras, todos devoradores de energia.

Tudo isso é tão notável quanto as técnicas antissísmicas pré-modernas: abóbadas subterrâneas e porões no Mediterrâneo, casas leves no Japão, portas trapezoidais entre os incas. Depois do triunfo do concreto, desenvolveram-se a duras penas novas técnicas antissísmicas no século XX — e ainda assim só são usadas quando não custam muito caro. Vivendo em favelas e autoconstruções na "periferia" do mundo, as vítimas da globalização capitalista sofrem particularmente com os tremores de terra quando se faz uso do concreto — e do concreto da pior espécie, porque, como se sabe, os construtores, para economizar, colocam areia demais na mistura.

As construções tradicionais favorecem e possibilitam a *autonomia* dos habitantes: quase tudo que é preciso, quer seja em nível dos materiais de construção ou da energia, está disponível no próprio lugar, e com frequência de graça. Como regra geral, as técnicas de construção são fáceis de executar e não exigem nem a intervenção de "especialistas" diplomados — no máximo os artesãos do próprio lugar —, nem grandes cadeias de fornecedores.

Os países do hemisfério Sul sofreram ainda mais que os do Norte com o assassinato das arquiteturas tradicionais, adaptadas a suas necessidades, fáceis de executar e com um custo baixo. Querem ainda fazê-los acreditar, com um cinismo notável, que agora podem sentar à mesa junto com os grandes graças ao concreto, porque agora pertencem à "modernidade"... também usando smartphones.

SE AS PEDRAS FALASSEM...

As pedras — sejam as naturais ou as utilizadas nas construções — têm uma memória. Depois do pôr do sol, elas liberam o calor que guardaram durante o dia. Elas fazem o mesmo, de modo mais sutil, com a vida dos serem humanos que as manejam segundo suas intenções. Se colarmos a orelha nas pedras de uma construção antiga, ainda é possível ouvir — basta querermos — os murmúrios das gerações que ali moraram. Eis o motivo pelo qual alguns preferem viver numa casa antiga, para além de todas as outras razões possíveis. Essas paredes, essas pedras são como esponjas que absorveram a vida. Ao nos devolverem essa vida, elas a multiplicam, anulam de certo modo o apagamento feito pelo tempo devastador. As lendas que falam de "casas assombradas" por fantasmas vindos do passado são apenas uma variante grosseira. Em todas as casas dignas desse nome, habitam espectros do passado. E o que vale para as casas vale *a fortiori* para as igrejas, os palácios, os castelos, as prisões, os templos... lugares onde milhares ou até milhões de pessoas passaram no decurso dos anos, dos séculos, dos milênios. Mas é difícil ouvi-las quando não se está só ou quando a multidão de pessoas que por ali passaram é grande demais ou muito heteróclita. Em contrapartida, numa pequena capela romana de montanha ou numa casa colonial no Peru, é possível ouvi-las à perfeição. O impacto do habitat e dos componentes sobre as almas sempre tem sido observado. Louis-Sébastien Mercier escrevia em 1788 em seu *Tableau de Paris*: "Que diferença entre uma salamandra e uma lareira! Minha imaginação se apaga só de olhar para uma salamandra" (*apud* Braudel, 1979, p. 341 [1995, p. 271]).

A modernidade implica principalmente uma gigantesca *reductio ad unum* à qual voltaremos no próximo capítulo. Somente uma ínfima parte das criações humanas acumuladas no decurso dos séculos e dos milênios consegue sobreviver. O inglês tende a reduzir as outras línguas a dialetos para conversas cotidianas, excluindo-as das comunicações importantes como as do campo da ciência. Os vestuários ocidentais prevalecem por quase todo canto, e, se o ser humano ainda pode ter cabelo escuro ou louro, ter a pele preta ou branca, certamente veste jeans. E o que pensar do fato de que, até o início do século XX, em muitos lugares do mundo, cada vilarejo tinha seu próprio costume, que se distinguia à primeira vista do costume do vilarejo vizinho? A "cultura mundial" do hambúrguer/kebab ainda não matou as diferentes cozinhas do mundo — mas já se trabalha nisso. É possível ver, por exemplo, certas atitudes se multiplicarem, como a do estudante estadunidense que, durante uma temporada de estudos de seis meses em Lisboa, só tinha comido bacalhau, o prato típico português, uma vez: o hábito de comer de modo diferente em função do país lhe parecia tão arcaico e ultrapassado quanto o uso de uma vestimenta tradicional.

O concreto é mais particularmente propício à pré-fabricação de seus elementos e, portanto, à padronização. É por isso que ele é necessariamente inimigo mortal das particularidades locais e das variações infinitas. A importância dos materiais locais faz parte da diversidade do mundo, assim como a comida e as línguas, e eles se opõem à monotonia globalizada. A modernidade, que enche a boca para falar de *liberdade individual* e *escolha pes-*

soal, distingue-se sobretudo por sua *monocultura* em todos os terrenos. Seus resultados podem se resumir nas palavras *empobrecimento*, *regressão* e *restrição* das escolhas possíveis. É nas formas de construir que esse empobrecimento uniformizador, essa *Gleichschaltung*, é particularmente visível: a língua falada na rua ainda nos possibilita determinar se estamos num novo bairro de Dubai, em Nova York, Tóquio, São Paulo, Jacarta ou La Défense; os prédios que vemos nesses lugares sem dúvida não nos permitem isso. Ao mesmo tempo, nada é mais insuportável que as construções pseudorregionais, por vezes impostas por dispositivos legais: caixas de sapato de tijolo furado e blocos de concreto com reboco na cor local e um teto que evoca a arquitetura tradicional da região — querem zombar da cara dos mortos, arremedando-os.

O descrédito a que os arquitetos modernos condenaram as arquiteturas tradicionais na época do "ninguém segura o progresso" foi tal que muitos visitantes ficaram boquiabertos durante a exposição Architecture Without Architects, organizada pelo arquiteto austríaco Bernard Rudofsky no Museu de Arte Moderna de Nova York em 1964,[62] que contava com duzentas fotos. Ela se contrapunha, de maneira abertamente polêmica, ao "estilo internacional" lançado trinta anos antes por outra exposição no mesmo local, e louvava a arquitetura coletiva e anônima, que não era concebida por ricos e poderosos. Assim, a arquitetura "sem pedigree" não se constituía como mera curiosidade a ser vista com condescendência, mas como uma inspiração para o presente. A respeito das ruas cobertas, sobretudo no Mediterrâneo, Rudofsky explica:

62 O catálogo dessa exposição — que teve grande sucesso — também marcou época. Ver Bernard Rudofsky, *Architecture sans architectes. Brève introduction à l'architecture spontanée* (Éditions du Chêne, 1980). Podemos assinalar também seu livro notável *Architecture insolite. Une histoire naturelle de l'architecture concernant, en particulier, ses aspects les plus souvent négligés ou totalement ignorés* (Tallandier, 1979).

> As fotografias podem somente aludir à experiência real de atravessar passagens através de espaços complicados que jogam com todos os sentidos: feixes de luz que penetram a escuridão; ondas de frescor e de calor; o eco de seus próprios passos; o cheiro das pedras ao sol. A soma dessas impressões propicia uma aventura estética que, por mais modesta que seja, costuma nos ser negada. (Rudofsky, 1980, p. 72)

Entre as arquiteturas tradicionais mais fascinantes, encontramos a das ilhas Cíclades, na Grécia: não somente cada pequena ilha, mas cada vilarejo ou cada parte de uma ilha desenvolve seu próprio estilo. Este corresponde às necessidades dos habitantes ao mesmo tempo que exprime seu caráter individual. Com poucos meios materiais e poucos "profissionais" da construção, eles criaram uma das melhores arquiteturas do mundo no que diz respeito tanto às relações humanas quanto às relações com o meio ambiente. É possível observar ali principalmente a sucessão de soleiras marcando a transição entre o espaço privado e o espaço público, em conformidade com uma cultura mediterrânea de pátios e ruas sob todas as suas formas. As ruelas entre as casas funcionam como pátios, e a vida segue seu curso em larga medida do lado de fora das casas. O charme das cidades e dos vilarejos mediterrâneos tradicionais reside também no fato de constituírem em realidade um só edifício enorme onde cada parte parece conectada às outras e as ruas e as praças não cortam o espaço construído para que se possa atravessá-lo rapidamente, formando pátios que prolongam a vida que é vivida nas casas, ligadas entre si por essas mesmas ruas e praças. Poderíamos comparar essa unidade a uma *escultura*, dada a continuidade da construção, com seus espaços cheios e vazios, e porque ela se compõe quase exclusivamente de um único material, um material mineral — à diferença dos vilarejos onde cada casa é toda rodeada por um jardim, por exemplo, como é majoritariamente o caso do norte da Europa. Mas isso não tem a ver com a abordagem pós-moderna — que já estava presente, aliás, numa parte do construtivismo histórico (sobretudo entre os arquitetos do De Stijl) —, que sacrifica a *utilitas*, ou seja, as exigências dos moradores ou usuários, em nome de pretensos "valores plásticos", transformando a construção em objeto de design.

É verdade que tanto Adolf Loos como Le Corbusier se inspiraram na arquitetura das Cíclades, admirando seu caráter muito geométrico e sóbrio. Mas, a meu ver, ela demonstra, antes de tudo, que é possível construir o contrário do que faz o funcionalismo (porque essa arquitetura *é* seu contrário, com suas estruturas labirínticas e a importância da rua) sem necessariamente se centrar no ornamento, que servia de contraponto ao funcionalismo. Funcionalismo árido *versus* ornamento abundante: é uma falsa alternativa, como sempre que se exagera a oposição entre classicismo e barroco (ou romantismo).

A cultura cicládica é tão rica que não devem existir duas casas idênticas no arquipélago, ao passo que o capitalismo industrial é tão pobre que confina milhões de pessoas em cupinzeiros de concreto idênticos. Entretanto, o progresso também atingiu a Grécia: não somente esse tipo de casas não é mais construído, como elas são destruídas em larga escala, sobretudo nas grandes cidades, com exceção das que são preservadas para o turismo e o folclore, depois de serem esvaziadas de sua vida passada. Torna-se a notar então o papel destrutivo dos automóveis: depois que implantaram seu reinado, somente quando seu tráfego e estacionamento são excepcionalmente proibidos — por exemplo, no momento de uma festa da cidade — é que nos damos conta de que são eles que fragmentam a unidade do conjunto construído.

Nesse quesito, como em outros, constata-se que a arquitetura tradicional é mais útil e mais funcional que a executada por arquitetos devotos da utilidade e da função. Das três categorias clássicas de Vitrúvio, foi a *firmitas* (a solidez, portanto, a duração) a mais maltratada no século XX: posta em prática, é vista como um atentado contra o primeiro dever cidadão, o de "gastar, gastar, gastar" (como lembrou o ex-presidente estadunidense George W. Bush no dia seguinte aos atentados do Onze de Setembro de 2001). A *venustas* e a *utilitas* foram invertidas em seu contrário.

Em geral, nada é menos útil que o utilitarismo e menos funcional que o funcionalismo — por exemplo, no que se refere às distâncias a serem percorridas numa edificação, sobretudo pública. A *venustas* foi reduzida ao design, único argumento de venda quando não existem mais nem *utilitas* nem *firmitas* num produto, seja um par de sapatos ou uma casa. E não se trata de uma qualidade estética qualquer, mas apenas da adesão do consumidor a um estilo de vida e aos prazeres que esse estilo parece prometer. Debord tinha mesmo razão ao definir cada mercadoria como um "espetáculo", para além da dimensão visual: consome-se essencialmente, até mesmo no caso de uma garrafa de água, o imaginário que ela veicula, enquanto compensação da pobreza efetiva da "vida permitida".

Quanto à beleza (*venustas*), talvez se desejasse erradicar do mundo a própria ideia de que pudesse haver no passado algo melhor que no presente, mesmo que nas formas já bastante medíocres da burguesia do século XIX: a arquitetura dessa época parecia feita para a "infelicidade banal" (Freud), para "a dignidade infeliz da pequena burguesia" (Guy Debord), e não ainda, como a arquitetura do século XX, para uma "época de catástrofes". Em nome do igualitarismo, nivela-se por baixo e reduzem-se as condições de vida de todos às de formigas operárias. Deve haver uma razão pela qual as partes "históricas" — e portanto pré-industriais — das cidades são em geral muito mais visitadas que as construções contemporâneas. Os "rasos sofismas em concreto armado" (Guy Debord), os cais de Bercy e os Euralille[63] não

63 Apresentado assim por Rem Koolhaas, seu arquiteto-chefe, pós-modernista que adora invocar o nome de Constant (ver Capítulo 3): "Evidentemente nesse sentido, o Euralille é feio; teria sido patético (ousaria até dizer desonesto) se não tivesse realmente ficado feio. Ele é feio porque é uma operação deliberada de modernização para mudar a essência de uma cidade. A modernização se pronuncia. O pronunciamento nunca é delicado. Declara como não viável a condição ou o regime anterior. Anuncia transformação, morte, renascimento. É a ambição do Euralille modernizar Lille. Com o Euralille, Lille se tornou 'artificial', perdeu uma parte de sua autenticidade. [...] Infelizmente, para todos nós, o artificial é a própria essên-

atraem muitos visitantes... Mas já nos tinham avisado: "Nossos antepassados tinham uma Paris de pedra, nossos avós tiveram uma Paris de gesso, nossos pais nos legaram uma Paris de concreto armado!".

ENFORCAR OS ARQUITETOS?

A arquitetura — se quisermos continuar a chamá-la assim, por hábito, a arte de construir — tradicional era boa porque não era *feita por arquitetos*. A "arquitetura" definida como a "arte de construir" não se confunde de modo algum com o "arquiteto" como figura profissional. Entretanto, ela também não é o resultado de uma "autoconstrução" generalizada. Era o fruto de um gênero de artesãos bem particular: os *compagnons du devoir* (companheiros do dever) e as confrarias na França, com sua organização em serventes, aprendizes e mestres de obra, os *capomastri* na Itália, os *Baumeister* ou *Werkmeister* na Alemanha, organizados nos *Zünfte*, os *master builders* na Inglaterra, os *magistri operis* em latim. Até o século XVII, e em muitos locais até o século XX, as casas ordinárias não tinham arquiteto e eram construídas por equipes de artesãos, quer fossem formalmente reunidos numa "companhia do dever" ou não. As construções da Idade Média, como as catedrais, não costumavam ter construtores conhecidos; eram obra de equipes integradas, chamadas "lojas de construção" na França

...

cia da arquitetura. Assim como uma operação de ponte de safena, o Euralille é uma intervenção agressiva para alimentar uma cidade histórica de todos os fluxos da (anti)cultura: torná-la acessível a uma população teórica de setenta milhões de habitantes, equipá-la com órgãos reais que se dirigem a essa comunidade virtual que nunca estará 'reunida'" (artigo de Rem Koolhaas que fecha o catálogo da exposição Euralille, 1995). O cinismo desse personagem chega ao cúmulo aqui, pois ele nunca parou de participar de destruições em massa de espaços e arquiteturas pré-industriais, vernaculares ou monumentais.

e *Bauhütte* (ou *Hütte*) na Alemanha, ou seja, "cabana de construção": uma forma específica de corporação. Não existe separação entre saber prático e saber teórico; a formação é primeiramente prática, e vão se adicionando em seguida conhecimentos teóricos que apenas tempos depois se tornariam atribuição exclusiva do arquiteto e do engenheiro. Esses saberes foram com frequência transmitidos unicamente aos "iniciados" sob a forma de um segredo profissional. Enquanto qualquer cubo de concreto é hoje assinado por um arquiteto, a Notre-Dame de Paris é um edifício em grande parte anônimo. Ela só tem mestres de obra, dos quais não restam mais do que, às vezes, simples sobrenomes.

A perda do conhecimento prático, que começou já no século XIX, é particularmente evidente quando se tenta imitar as formas artísticas herdadas do passado sem conhecer os meios de realização. A basílica neogótica de Saint-Epvre em Nancy, França, é um bom exemplo disso. Ela foi realizada entre 1864 e 1875 pelo arquiteto Prosper Morey, um partidário de Eugène Viollet-le-Duc. A construção imitava apenas as *formas* da arquitetura gótica. O arquiteto e sua equipe não sabiam muita coisa, ao que parece, sobre técnicas medievais de construção. Faltavam, assim, os sistemas sofisticados de evacuação das águas que se encontram nas igrejas medievais — uma das razões pelas quais o edifício começou rapidamente a se deteriorar, principalmente no nível das armaduras de ferro. Fissuras se abriram, musgos se infiltraram. No início do século XXI, foi necessário restaurar completamente a basílica, depois de se ter pensado na possibilidade de demoli-la. É preciso mencionar que as catedrais medievais exigem relativamente pouca manutenção, mesmo depois de setecentos anos — muito menos do que qualquer construção de Le Corbusier, Jean Nouvel ou Frank Gehry.

"Não existe arquitetura sem arquitetos", ouve-se às vezes. A ideia não é nova: um dos principais representantes do Renascimento, Giorgio Vasari (1511-1574), tinha inventado o termo "arte gótica" relacionando, num salto arbitrário de oitocentos anos, as invasões do Império Romano pelos godos no século V à arte nascida nos séculos XIII e XIV. Vasari sentia ojeriza pela arte que chamou de "gótica": ele a considerava uma "invasão bárbara" do norte da Europa no espaço mediterrâneo — prova, segundo ele, de uma decadência completa da arte. Ele escreveu, notadamente em seu breve tratado *Da arquitetura*, que se encontra no início das *Vidas dos artistas* (1550): "Essa maneira era invenção dos godos, que destruíram todas as construções antigas e mataram os arquitetos nas guerras, de tal maneira que os sobreviventes depois criaram construções desse tipo" (Vasari, 2005, p. 101 [2011, p. 26]). Seria, então, a morte violenta dos arquitetos antigos que teria causado a barbárie da arquitetura medieval?

Foi, com efeito, o Renascimento que introduziu uma separação radical entre o trabalho intelectual e o trabalho manual, o espírito e a mão, o projeto e a execução, a arte e o artesanato, o "gênio" e o resto da humanidade. Assim começou o reinado dos "especialistas", que, com o passar dos séculos, puseram as mãos em todas as atividades humanas. No início, apenas os edifícios mais suntuosos eram confiados aos arquitetos. A figura do arquiteto celebridade se impôs a partir do século XV, ao lado da do artista celebridade, e começou-se a identificar uma construção como importante com base no arquiteto que lhe conferia prestígio. Para as moradias ordinárias, o domínio dos arquitetos foi muito mais progressivo. Regulamentos municipais relativos às construções particulares já existiam na Idade Média, mas somente em 1852 se introduziu, em Paris, a obrigação geral de uma licença para construir mediante a apresentação de um projeto à prefeitura. Em 1867, foi instituído o diploma de arquiteto da Escola de Belas Artes, cujos titulares deviam ser os únicos habilitados a assinar projetos. Em 1943, uma lei do regime de Vichy tornou definitivamente obrigatória a licença para construir em todas as cidades da França. O monopólio dos saberes, tendência geral da modernidade, seguiu, assim, uma via intermediária no que se refere aos arquitetos: mais tardia do que a dos médicos (uma lei francesa de 1803 já tratava da distinção entre o exercício legal ou ilegal da profissão médica) e a dos advogados, porém mais avançada do que a dos artesãos; até hoje, não é proibido produzir sua própria mesa ou forjar seu próprio colar. Assim, o Conselho de Arquitetura acaba sendo, juntamente com o Conselho de Engenharia-Topografia e o Conselho de Contabilidade, a única ordem profissional na França que não é oriunda nem da jurisprudência, nem da saúde. Foi instaurado, como o dos médicos, pelo regime de Vichy e confirmado em 1945. Sua reorganização por uma lei de 3 de janeiro de 1977 restringe aos arquitetos inscritos no Conselho o direito de assinar projetos (a partir de determinada superfície).

Nossa crítica da arquitetura da época industrial, assim como do modernismo e do pós-modernismo em particular, não é formulada, portanto, em nome de *outra* escola de arquitetura ou de *outros* arquitetos. Alguns deles, como Frank Lloyd Wright, podem parecer mais "humanos" comparados a Mies van der Rohe e Le Corbusier. Mas de nada adiantaria contrapor um gênero de arquitetos a outro, assim como de nada adianta contrapor os "bons" políticos aos "maus". É preciso superar a própria figura do arquiteto, ou redefini-la de todo. Como diz Rudofsky, muito judiciosamente:

> O pedreiro contra o arquiteto. "Deem a um pedreiro tijolos e argamassa", escreve Jamshid Kooros, um arquiteto persa que estudou no MIT, "e peça para cobrir um espaço e deixar entradas de luz, e os resultados serão surpreendentes. O pedreiro, dentro de suas limitações, encontra possibilidades infinitas, há variedade e harmonia; enquanto o arquiteto moderno, com todos os materiais e sistemas estruturais de que dispõe, produz monotonia e dissonância, e isso em grande abundância." (Rudofsky, 1980, p. 120)

Diante da arquitetura de arquitetos, engenheiros e grandes empresas, e principalmente diante das moradias de massa que produzem, algumas vezes se tem enaltecido nas últimas décadas a *autoconstrução*. Na verdade, esse nome pode ser aplicado a realidades muito distintas. Em escala mundial, a grande maioria das moradias é resultado de autoconstrução, pelo menos no que se denominava outrora "países em desenvolvimento", tanto em zonas rurais quanto em favelas. Aliás, se observarmos, por exemplo, algumas favelas brasileiras, sobretudo as que são de tijolo e se erguem nos morros, e se abstrairmos o contexto social para considerá-las apenas do ponto de vista da arquitetura, podemos encontrar ali aspectos bem apreciáveis, com estruturas que favorecem a vida social. Tendo uma escala mais humana e adaptadas ao terreno, redescobriram de maneira espontânea as formas da casbá e dos primeiros vilarejos neolíticos do Oriente Médio e de outros locais.[64] Evidentemente, os poderes públicos só aceitam essas autoconstruções onde não podem impedi-las e sempre ficam procurando a oportunidade de destruí-las (o mundo todo foi testemunha das demolições de favelas no Rio de Janeiro na época das Olimpíadas de 2016), oferecendo eventualmente em troca a seus moradores menos pobres a possibilidade de se endividar para o resto da vida na compra de uma casa "de verdade", em geral com dois cômodos num pardieiro.

Por outro lado, as autoconstruções são bastante difundidas nos Estados Unidos, onde as leis costumam autorizá-las. Quando há recursos disponíveis, ensejam por vezes arquiteturas "alternativas", "ecológicas" ou "naturais" interessantes. Na Europa, a quantidade de autoconstruções com licença também está em alta; elas se inserem em geral numa perspectiva ecológica e de "economia solidária".

64 Eu já tinha escrito, num artigo publicado em 1999 na revista brasileira *Carta Capital* que relatava minha primeira viagem ao Brasil, que preferiria talvez viver em certos tipos de favelas do que no 25º andar de um arranha-céu. Henri Lefebvre tinha feito observações similares durante sua viagem ao Brasil em 1974, suscitando a incompreensão da esquerda local. No *Guardian*, Adrian Forty lembra que "arquitetos e engenheiros que visitam favelas no Brasil se espantam com a economia e a engenhosidade de suas estruturas de concreto" (Adrian Forty, "Concret? It's Communist", *op. cit.*).

Seria um erro, porém, enaltecer de forma generalizada a autoconstrução. Vimos que um dos inventores do concreto, François Coignet, era, como "bom socialista", um precursor: estava convencido de que o concreto permitiria às classes trabalhadoras, no futuro, construir as próprias casas, casas confortáveis, com as próprias capacidades e com a única condição — geralmente fácil de preencher — de encontrar areia e calcário.[65] Os autoconstrutores são, hoje, como já disse aqui, os que mais consomem concreto. As margens do Mediterrâneo, sobretudo na Itália meridional e na Grécia, estão cheias de autoconstruções. Elas são quase sempre feíssimas e não raro inacabadas — seja porque somente o térreo é habitado, enquanto as pontas enferrujadas das armaduras no teto atestam a ideia de adicionar um dia outro andar para os filhos, seja porque a construção ficou no estágio das estruturas —, o que de todo modo basta para criar um fato consumado e forçar as autoridades a regularizar uma hora ou outra uma construção nesse local. Com efeito, boa parte delas é erguida fora de qualquer norma e de qualquer projeto de ordenamento urbano.

Aqui, a grande culpa do concreto — mas também do tijolo furado — é o que se considera em geral seu grande mérito: ter facilitado enormemente as construções. Os danos irreparáveis infligidos às costas mediterrâneas a partir dos anos 1960 jamais teriam sido perpetrados sem esses materiais. No sul da Itália, cerca de metade das casas é "abusiva" [fora da lei] — mas o problema não é o "respeito à lei" enquanto tal, porque aqueles que possuem licença para construir não são necessariamente melhores nem mais respeitosos com a paisagem. O *abusivismo edilizio* não constitui somente uma ofensa estética permanente; representa também um dos maiores problemas sociais: provoca desastres hidrogeológicos que já custaram milhares de vidas; é um dos motores da economia criminosa e mafiosa; implica quase sem-

65 Citado em Adrian Forty, "Concret? It's Communist", *op. cit.*

pre trabalho clandestino e evasão fiscal; favorece a corrupção e o clientelismo nas administrações públicas; possibilita aos partidos de direita — como o de Silvio Berlusconi — ganhar eleições com a promessa de legalização retroativa das construções ilegais por meio do simples pagamento de uma pequena multa (chamada *condono*, o equivalente moderno das indulgências que a Igreja vendia em seus bons tempos). Demolições praticamente nunca aconteceram, nem mesmo depois de sentenças de tribunal. Com frequência se apelou para a "urgência de ter uma moradia", a falta de teto para as famílias pobres, por causa dos danos da guerra e das migrações internas que vieram depois. Entretanto, as construções ilegais feitas na Itália a partir dos anos 1970 são em sua maioria *residências secundárias*: correspondem à busca de "prestígio" das classes médias, para as quais um chalé na montanha ou uma casa na praia, mesmo que pequenos, viram símbolo de status social. As residências primárias também podem ser abusivas, como no caso de migrantes que, quando voltam, querem mostrar sua nova riqueza. Por outro lado, diante da inflação dos anos 1970 e da situação econômica morosa que persistiu em seguida, a "pedra" (o "tijolo", como se diz em italiano por metonímia) se tornou "investimento seguro", até mesmo em quantias modestas: compra-se um terreno agrícola abandonado, erguem-se quatro pilastras e um teto e, todo verão, com a ajuda da família e dos amigos, adicionam-se algumas paredes. Essas casas, portanto, não são utilizadas, ou o são somente durante uma pequena parte do ano.

A Itália (principalmente no sul) e a Grécia representam sem dúvida casos extremos no que se refere às construções "selvagens". No entanto, podemos ter a certeza de que, na ausência de fiscalização, veríamos os mesmos efeitos em outros cantos. E se na França o Estado impõe o maior respeito às suas leis é para poder autorizar a si mesmo os horrores mais sistemáticos: basta olhar a Côte d'Azur com maravilhas como a Marina Baie des Anges em Villeneuve-Loubet. Seria muito ingênuo atribuir, nas condições atuais, a responsabilidade pelos horrores arquitetônicos somente ao Estado, ao mercado, às máfias, à indústria ou aos arquitetos de profissão, absolvendo "as pessoas" de qualquer culpa. Se deixassem "as pessoas" saírem construindo por aí do seu jeito, provavelmente não construiriam "Cidades Radiantes" ou "torres" na periferia — mas milhões de mansões "hollywoodianas" como as vistas nas séries de TV. Já existem bairros inteiros assim nos Bálcãs, ou perto de Nápoles: nenhuma rua pavimentada nem canalização, apenas mansões enormes de uma breguice sem tamanho. Nesse ponto, como em outros, a responsabilidade quanto aos desastres em curso é bastante partilhada entre os dominantes e os dominados, os administradores e os administrados, os ricos e os pobres — e às vezes nos perguntamos qual dessas categorias é a pior! Na Itália, a corrida das moradias de baixa qualidade (mas em geral individuais) foi muito espontânea, sem grande impulso do Estado, que se limitava a um "laisser-faire" perante os *palazzinari* (grandes construtores privados) e o povo dos *abusivi*.

Encontramo-nos, então, diante de um fato tristemente importante, e não raro subestimado nas críticas correntes do capitalismo: depois de vários séculos de capitalismo industrial, este já não é visto pelas populações como uma tirania, um jugo que devem suportar de mau grado, uma camisa de força da qual aspiram se libertar o quanto antes. O capitalismo industrial conseguiu se apresentar, tanto no centro como na periferia do sistema-mundo, como *insuperável* e *desejável* ao mesmo tempo. A maioria das discussões e dos confrontos se concentra na *repartição* e não na *natureza* do bolo, no *quantitativo* e não no *qualitativo*. Quantos metros quadrados para cada — não interessa se é de concreto ou pedra. Quanto de carne por dia — não interessa se contém antibióticos ou dioxina.

Deixar que aqueles que vão morar construam as próprias casas não é uma garantia de qualidade, enquanto durar "a miséria e a renúncia das massas que assimilaram os subprodutos da ideia de felicidade de seus patrões" (Debord, 2006, p. 448). Se por um lado vai ser necessário demitir — pelo menos — todos os arquitetos[66] e libertar a arte de construir do domínio do Estado e da economia, em contrapartida não será muito recomendado incitar todos os sujeitos contemporâneos a pôr em prática suas ideias de construção: corremos o risco de nos confrontar com uma grande quantidade de paródias das feiuras arquitetônicas atuais. No Programa Elementar do Comitê de Urbanismo Unitário de 1961, os situacionistas Attila Kotányi e Raoul Vaneigem falavam, muito sabiamente, do "momento em que os indivíduos — que enquanto tais ainda não existem — construirão livremente sua própria história" (Debord, 1961, p. 18; [1997, p. 216]); no ano seguinte, a mesma revista evocava a "liberação de um instinto de construção hoje recalcado em todo mundo: liberação que não pode ocorrer sem os outros aspectos da conquista de uma vida autêntica" (Debord, 1961, p. 9; [1997, p. 207]).

SUJEITO SEM ESPELHO

As autoconstruções de hoje têm pouco a ver com as arquiteturas tradicionais ou vernaculares. Por que estas dão mostras de tanta

66 Os situacionistas afirmavam em 1962 que veríamos "um dia os arquitetos serem caçados e enforcados nas ruas de Sarcelles" ("Du rôle de l'I.S.", Debord (1962, p. 19 [1997, p. 259]). Hoje, não se pode mais falar assim — seria fazer a apologia da violência. Todavia, no século XIX, o estadista conservador inglês Benjamin Disraeli, que também escrevia romances, declarou em seu *Tancred* (1847): "O que é preciso na arquitetura, como em tantos outros terrenos, é um homem. [...] Mas poderíamos fazer uma sugestão. Na Inglaterra, nenhuma profissão cumpre seu dever enquanto não entrega sua vítima. [...] Nem mesmo nossa marinha tão enaltecida trouxe-nos uma grande vitória sem ter executado um almirante. E se enforcássemos um arquiteto? O terror pode inspirar tanto quanto a emulação" (Disraeli, 2004, p. 121-2 *apud* Barancy, 2017, p. 135). Disraeli faz alusão a um almirante inglês do século XVIII executado depois de um fracasso militar. Vemos que pessoas diferentes em tudo podem ter a mesma ideia quando pensam nos arquitetos.

riqueza? A resposta só pode ser a seguinte: os indivíduos que as construíram tinham *incorporado* um estilo, uma medida, um modo de fazer. Pouco importavam suas inclinações ou seu gosto pessoal — havia uma abordagem coletiva que costumava permitir variações, mas sempre dentro de um dado modelo, de uma gama. E, sobretudo, não existiam os materiais e as técnicas que em seguida produziram as revoluções da arquitetura moderna.

A contemplação da perfeição de um vilarejo mediterrâneo ou de um *tulou* — as casas-vilarejos, normalmente circulares, feitas de argila e terra das comunidades hakkas da província de Fujian na China, onde centenas de pessoas vivem em torno de um pátio — pode levar, todavia, a uma questão bem curiosa. Será que é sempre preciso que o sujeito encontre seu "reflexo fiel" no mundo que ele construiu? O que está em jogo aqui é o venerado conceito de *alienação*. A alienação, na definição de Marx, é uma oposição entre o sujeito e o mundo criada pelo sujeito, quando não pode controlar essa criação — notadamente porque os meios de produção são propriedade privada de outra pessoa. O jovem Marx extraiu esse conceito de Hegel e Feuerbach. Nos *Manuscritos econômico-filosóficos*, ele escreveu:

> Precisamente por isso, na elaboração do mundo objetivo [é que] o homem se confirma, em primeiro lugar e efetivamente, como *ser genérico*. Esta produção é a sua vida genérica operativa. Através dela a natureza aparece como a *sua* obra e a sua efetividade (*Wirklichkeit*). O objeto do trabalho é portanto a *objetivação da vida genérica do homem*: quando o homem se duplica não apenas na consciência, intelectual[mente], mas operativa, efetiva[mente], contemplando-se, por isso, a si mesmo num mundo criado por ele. (Marx, 2007, p. 123 [2004, p. 85])

"Genérico" indica aqui o que diz respeito ao "gênero humano" (*Gattung*), o que pertence ao ser humano enquanto espécie viva. Em sua ação sobre o mundo exterior — seu "trabalho" —, o ser humano realiza sua natureza e pode se contemplar no mundo como num espelho, que reflete essa natureza humana, duplicando-a. Esse estado constituiria, assim, um estado não alienado. Objeto e sujeito, indivíduo e sociedade não se contrapõem, portanto:

> Nós vimos. O homem só se perde em seu objeto se este lhe vem a ser como objeto *humano* ou homem objetivo. Isto só é possível na medida em que ele vem a ser objeto *social* para ele, em que ele próprio se torna ser social (*gesellschaftisches Wesen*), assim como a sociedade se torna ser (*Wesen*) para ele neste objeto. Consequentemente, quando, por um lado, para o homem em sociedade a efetividade objetiva (*gegenständliche Wirklichkeit*) se torna em toda parte efetividade das forças essenciais humanas (*menschliche Wesenskräfte*), enquanto efetividade humana e, por isso, efetividade de suas *próprias* forças essenciais, todos os objetos tornam-se [a] *objetivação* de si mesmo para ele, objetos que realizam e confirmam sua individualidade enquanto objetos *seus*, isto é, *ele mesmo* torna-se objeto. (Marx, 2007, p. 150 [2004, p. 109-10])

É preciso considerar que "objeto" e "objetivo" traduzem aqui os termos *Gegenstand* e *gegenständlich*, que indicam não somente o objeto de consciência oposto ao sujeito, mas também o objeto concreto e material. As "forças essenciais" são as *Wesenskräfte*, as forças que pertencem ao ser humano enquanto tal, como as *Gattungskräfte*.

No entanto, esta união, se alguma vez já existiu — Marx não se pronuncia quanto a isso —, foi rompida pela chegada da propriedade privada que introduz a alienação. O ser humano — ou pelo menos o proletário — vê-se então expropriado do mundo que ele produz.[67] A própria alienação produz, ao mesmo tempo,

67 Em *A sociedade do espetáculo*, Debord escreve, retomando os conceitos do jovem Marx: "O trabalhador não se produz a si mesmo, produz uma força independente. O *sucesso* dessa produção, sua abundância, volta para o produtor como *abundância da despossessão*" (§31). Quando, em 1973, Debord "filma" seu livro utilizando imagens "desviadas", combina essa frase com imagens de "trabalhado-

sob a forma do desenvolvimento da indústria, os pressupostos do comunismo que abolirá essa alienação e conduzirá à realização de seu potencial "genérico", ou seja, humano:

> O comportamento efetivo, *ativo* do homem para consigo mesmo na condição de ser genérico, ou o acionamento de seu [ser genérico] enquanto um ser genérico efetivo, isto é, na condição de ser humano, somente é possível porque ele efetivamente expõe (*herauschafft*) todas as suas forças genéricas — o que é possível apenas mediante a ação conjunta dos homens, somente enquanto resultado da história —, comportando-se diante delas como frente a objetos, o que, por sua vez, só em princípio é possível na forma do estranhamento. (Marx, 2007, p. 162 [2004, p. 123])

Vemos que uma certa teleologia da história, segundo a qual o capitalismo industrial constitui uma etapa decerto dolorosa mas necessária rumo ao comunismo final que herdará as forças produtivas desencadeadas pelo capitalismo, encontra-se nos diferentes estágios do pensamento de Marx — e hoje parece ser um de seus aspectos mais problemáticos.

Defrontamo-nos aqui com um paradoxo. Certas arquiteturas do passado podem nos parecer decididamente admiráveis, assim como expressões artísticas, literárias ou musicais do passado. No entanto, e esse é um ponto raramente evocado, nada permite acreditar que seus construtores ou criadores fossem admiráveis. E se, no caso da poesia ou da pintura, ainda se poderia evocar "o gênio" ou o "grande criador", no caso da arquitetura tradicional é necessário precisamente ressaltar seu caráter anônimo e coletivo (mas isso também vale para boa parte da literatura, da arte e da música tradicionais, se aceitarmos minimamente deixar de lado o culto burguês do "grande indivíduo"). As socieda-

...

res imigrados, ao pé dos edifícios gigantes que constroem no bairro 'La Défense'" (Debord, 2006, p. 1202).

des que engendraram construções vernaculares eram em geral, para boa parte da população, sociedades opressoras, submetidas à religião e a hierarquias de todo tipo. No que diz respeito aos indivíduos, tudo que se sabe dos contextos que viram nascer essas construções sugere que eles não eram "melhores" que nós, mas em média tão egoístas e avarentos, limitados e materialistas e, como se diria hoje, tão "sexistas" e "racistas" quanto. Pode-se assim propor uma conclusão insólita: essas construções eram *melhores* que seus autores. *Elas eram belas porque não eram o "reflexo fiel"* deles. As criações coletivas possuíam uma nobreza e uma beleza que faltavam, individualmente, às pessoas que as erigiam. O objeto era superior ao sujeito. Essa alienação é, assim, preferível a uma situação em que o homem "se contempla a si mesmo num mundo produzido por ele".

Como explicar tal fato? Essencialmente dizendo que o homem, em sua condição coletiva, de "ser genérico", como inconsciente coletivo, é muito superior ao indivíduo e à consciência deste. Isso se manifesta com clareza na linguagem: a língua é infinitamente mais inteligente que qualquer falante. É a língua que nos fala — não é necessário aqui aderir ao estruturalismo linguístico para admitir essa evidência. O mais rude e inculto dos homens maneja um instrumento de uma complexidade infinita, sem nem mesmo conhecer suas regras e sem saber como aprendeu isso. Quando se trata do fato mesmo de saber falar, usar uma gramática, uma sintaxe, um vocabulário, por mais limitado que seja, a diferença entre um Gaston Dominici[68] e um Gustave Flaubert não tem muita importância.

A arquitetura e as artes tradicionais em geral deveriam, portanto, ser consideradas como a linguagem: uma estrutura não inata, mas aprendida desde cedo e de maneira não consciente, que em seguida dá forma a tudo que os indivíduos podem dizer,

68 Camponês provençal acusado em 1954, aos 77 anos, de triplo assassinato e que se defendia, durante um processo de muita repercussão, com um léxico de cerca de 35 palavras, como ressaltou o escritor Jean Giono (1955), que acompanhou o caso.

ou construir. É a “sabedoria” depositada nas estruturas que se impõe a seus executores e lhes empresta com frequência sua graça. Com efeito, não existe arquitetura tradicional fracassada ou feia — no máximo ela é mais ou menos atraente, a depender do gosto. Esse é também o limite das autoconstruções, inclusive as melhores, isto é, aquelas que não são imitações baratas do que seus autores acreditam estar “na moda”, mas que tentam unir uma abordagem individual do mundo com o respeito do meio ambiente (existem bons exemplos no nordeste dos Estados Unidos). É justamente o individualismo de seus autores, a tentativa de escapar da rotina e da padronização que reina por todo lado e de produzir uma grande diversidade de construções, sempre “pessoais”, que lança por terra o aspecto mais notável das construções tradicionais: sua unidade de fundo na diversidade, o fato de nenhuma delas nunca ser de fato idêntica à outra, embora todas venham visivelmente da mesma raiz — como os membros de uma família.

Nesse campo, como em outros, o que começa a aparecer como a verdadeira ruptura operada pelo capitalismo industrial a partir do século XVII consiste na destruição de todos os meios de civilização elaborados durante milênios para “educar” o gênero humano (Jappe, 2017 [2021]).

— CAPÍTULO 5 —

História da linha reta

As formas geométricas puras — a linha reta, o ângulo reto, o triângulo, a esfera — são raríssimos na natureza, pelo menos entre os seres vivos. As primeiras moradas do ser humano — barracas, cabanas, abrigos em rochas, buracos, casas em árvores — não eram evidentemente geométricas. As formas circulares eram muito presentes nos vilarejos neolíticos, e às vezes ainda hoje, como em certos vilarejos africanos (Seignobos, 1982). Mas as construções circulares, mesmo as de pedra, dificilmente podem ter paredes em comum e formar unidades maiores, dispor de vários andares ou ser subdivididas. Existe pouca variação. É possível, portanto, dizer que a arquitetura começou quando se pôde ir além da cabana circular, introduzindo a linha reta. A arquitetura, até mesmo a primitiva, baseia-se essencialmente em formas ortogonais, numa ruptura radical com a natureza e com o corpo humano em particular. O que, em si, não é nem bom nem ruim.

Entretanto, as formas geométricas e sobretudo a linha reta na *arquitetura* não implicam necessariamente formas geométricas e linha reta no *urbanismo*. Trata-se de dois terrenos bem diferentes. Uma das características mais constantes das arquiteturas tradicionais é a raridade das longas ruas retas. Nos vilarejos neolíticos, nas casbás árabes ou nas cidades europeias medievais, as paredes das casas costumam ser retas (elas nem sempre formam quadrados, mas por vezes figuras mais irregulares); já o conjunto não é de modo algum ortogonal, principalmente no traçado das ruas. No entanto, na Antiguidade já existiam cidades com ruas retilíneas cortadas por ângulos retos, chamadas cidades de traçado em formato de tabuleiro de xadrez ("de damas", "quadriculado" ou "ortogonal"), como certas colônias gregas a partir do século VII. É possível encontrá-las em várias cidades da Jônia, região que também foi um dos berços da filosofia e da moeda.[69] Fala-se assim de "plano hipodâmico" ou hipodamiano (do arquiteto grego Hipódamo, que viveu no século V a.C.) ou "milesiano" (da cidade de Mileto, na Jônia). Algumas cidades helenísticas e romanas foram erigidas, ou reerguidas, no formato tabuleiro de xadrez: nas Américas, os incas, os astecas e outros povos praticavam também um urbanismo ortogonal. Mesmo no urbanismo espontâneo, as formas retangulares nem sempre estão ausentes, embora sejam raras; na Idade Média, eram pouco presentes, correspondendo a uma sociedade em que o poder era fragmentado e o Estado, frágil. Podemos encontrá-las sobretudo em vilarejos construídos de um único fôlego, com fins militares, como as *bastides* no sudoeste da França.

O retangular, e secundariamente as outras formas geométricas como a esférica e a oval, ganha envergadura com o desenvolvimento do Estado moderno a partir do século XV: o poder aperta progressivamente seu nó sobre todos os aspectos da realidade social. Ele quer pôr "ordem" (sua ordem) em todas as cabeças. As cidades do Renascimento, seguidas das cidades barrocas fundadas por príncipes (São Petersburgo sendo um dos exemplos mais importantes), as cidades-fortaleza e as cidades coloniais, sobretudo na América Latina, impõem a norma das ruas retas, longas e largas. Os novos urbanistas se distanciaram, assim, da cidade medieval, onde não viam nada além de um fervilhar confuso, ignorando o fato de que se tratava de outra forma de ordem, menos euclidiana, embora não menos real. O Renascimento, em seguida, não só celebrou a "dignidade do homem" como refor-

69 Ver sobre o tema Sohn-Rethel (2010), com introdução de Anselm Jappe. [A introdução foi publicada em português na ed. 33 da *Revista da Sociedade Brasileira de Economia Política*, em 2012 — N.T.]

çou a administração do homem pelo homem. Assim, em 1475, o rei de Nápoles, Ferdinando I,

> falando com o papa Sisto IV, disse-lhe que ele não era senhor dessa cidade e não podia dominá-la por causa dos pórticos de entrada dos imóveis e das ruas estreitas, além das sacadas que ali existem; e, se lhe fosse necessário posicionar em Roma homens armados, as mulheres já os poriam para correr jogando massas de cima das sacadas, e ele dificilmente teria como detê-las. Ele lhe aconselhou, no entanto, mandar demolir as sacadas e os pórticos e alargar as ruas. O papa seguiu seu conselho; e logo foram demolidos, o máximo possível, os pórticos e as sacadas e alargaram as ruas sob pretexto de pavimentá-las e deixá-las mais bonitas.[70]

O papa promulgou de fato a bula *Pro instauratione urbis* e iniciou um programa de reestruturação urbanística. Esta seria acelerada fortemente a partir de 1500, quando foi posta sob a responsabilidade do artista e arquiteto Donato Bramante (1444-1514). Em 1508 foi aberta a Via Giulia, a primeira grande rua retilínea traçada em Roma desde a Antiguidade.[71] Nessa época, assim como hoje, era preciso demolir antes de construir na cidade, e Bramante fez isso com tanta fúria que foi apelidado de *maestro ruinante*. O humanista Andrea Guarna até publicou em 1517 uma sátira intitulada *Simia* ("Macaco"), na qual Bramante se apresenta depois de sua morte às portas do paraíso. A São Pedro, que reprova suas demolições, ele responde propondo reconstruir todo o paraíso.

As demolições que mais chocaram o público foram as de uma parte antiga da Basílica de São Pedro, destinada a uma reconstrução integral. O projeto de Bramante (modificado em seguida por

70 Stefano Infessura, *Diario della città di Roma*. O. Tommasini (org.). Roma: Forzani E. C. Tipografi del Senato, 1890, I. I. [1475]. Trata-se de um jornal escrito no final do século XV; a passagem está citada em Günther (1984, p. 171).

71 Em Paris, foi preciso esperar ainda um século para ver a primeira rua reta e alinhada, bem mais curta: a rue Dauphine.

Michelangelo e outros) para a nova basílica previa, aliás, uma grande cúpula em concreto de tufo seguindo o modelo do Panteão. Sob vários aspectos, Bramante era o protótipo do arquiteto moderno. Ele se viu confrontado, entretanto, com uma resistência tenaz de parte da população romana que defendia seu hábito de erigir galinheiros nas ruelas, bancas de feira, sacadas e outras pequenas construções. Por fim, Bramante incluiu de maneira pioneira este hábito em seus projetos: retirar as bancas dos comerciantes de dentro das igrejas tinha se mostrado tão difícil que seu projeto (não realizado) para a igreja de Santi Celso e Giuliano já continha lojas coladas nas paredes exteriores da construção. O início do século XVI em Roma se caracterizava por uma primeira forma de "urbanismo" e implantação — muito parcial — de eixos de visibilidade radial no tecido irregular, e até labiríntico, da cidade medieval, como o *trivium* diante da ponte Sant'Angelo (Günther, 1984).

Em seguida, a história do urbanismo é mais ou menos idêntica à história da linha reta e de outras formas geométricas regulares. O desejo das forças da ordem de atacar as multidões em revolta com a cavalaria ou a artilharia sem ter que aguentar os projéteis jogados de janelas e sacadas (tarefa frequentemente executada, o cúmulo da desonra para os soldados, por mulheres!) e sem ter que enfrentar barricadas, algo tão escancarado na "hausmannização" de Paris empreendida depois da Revolução de 1848, é a manifestação mais evidente disso — embora fosse apenas o desembocar de uma lógica que tinha começado bem antes.[72] Em nível mais

72 A fúria destruidora para uma posterior reconstrução já tinha fincado raízes em Paris, mesmo antes do Segundo Império. Victor Hugo observou em 1830: "Querem demolir Saint-Germain l'Auxerrois para fazer um alinhamento de praça ou rua; qualquer dia desses, vão destruir a Notre-Dame para aumentar o átrio; qualquer dia vão deitar por terra Paris para aumentar a planície de Sablons" (um terreno de manobra no entorno do bosque de Boulogne) (Victor Hugo, "Journal des idées et des opinions d'un révolutionnaire de 1830", nota do mês de fevereiro. *In: Littérature et philosophie mêlées* [1834], *apud* Chevalier (1977, p. 161). Quando visitamos o museu Carnavalet, dedicado à história de Paris, ficamos boquiabertos com a quantidade de quadros representando não construções de novas edificações mas

profundo, também é possível encontrar o ódio (constitutivo da modernidade) de tudo que é incontrolável, orgânico, labiríntico, fragmentado, imprevisível. René Descartes, verdadeiro fundador do pensamento moderno, assim se expressou em 1637:[73]

> Entre esses [pensamentos], um dos primeiros foi a consideração de que frequentemente não há tanta perfeição nas obras compostas de várias peças, e feitas pelas mãos de vários mestres, como naquelas em que apenas um trabalhou. Assim, vê-se que os edifícios iniciados e terminados por um único arquiteto costumam ser mais belos e mais bem ordenados do que aqueles que muitos procuraram reformar [*raccommoder*], servindo-se de velhas muralhas que haviam sido construídas para outros fins. Assim, as antigas cidades, tendo sido no começo apenas aldeias e se transformado com o passar do tempo em grandes cidades, são comumente tão mal proporcionadas em comparação com as praças regulares que um engenheiro traça à sua vontade, numa planície, que, embora considerando seus edifícios separadamente, neles encontre[a]mos amiúde tanta ou mais arte do que naqueles das outras; entretanto, ao vermos como estão dispostos, um grande aqui, um pequeno ali, e como tornam as ruas curvas e desiguais, diríamos que é mais o acaso do que a vontade de alguns homens, usando da razão, que assim os dispôs. E, se considerarmos que sempre houve, no entanto, alguns funcionários encarregados de vigiarem os edifícios particulares para fazê-los servir ao embelezamento público, reconheceremos como é difícil, ao se trabalhar apenas sobre as obras dos outros, fazer coisas muito bem-acabadas. (Descartes, 2002, p. 132-3 [2001, p. 15-6])[74]

...

as destruições de antigos edifícios! A *história do vandalismo: os monumentos destruídos da arte francesa* (1959), de Loui Réau, republicado com atualizações por Robert Laffont em 1994, é uma obra imprescindível a esse respeito.

73 Como tento explicar em Jappe (2017 [2021]).

74 Em contrapartida, um dos autores principais do Renascimento e sua arte de edificar, Leon Battista Alberti, enaltecia a rua curva. Em seu grande tratado *De Re aedificatoria* (impresso em 1485), ele escrevia: "Até mesmo no interior da cidade, a via

Com efeito, chamavam-se "cidades *à la* Descartes" as cidades planificadas que foram edificadas nessa época, como a de Richelieu em Touraine, e eram seguramente sem "ruas curvas e desiguais", esse pesadelo para o poder. Lewis Mumford, o grande historiador da cidade, comenta assim a passagem de Descartes:

> Não poderia haver contraste mais agudo entre as duas ordens de pensamento, o orgânico e o mecânico, do que neste passo: a primeira decorre da situação total, a outra simplifica os fatos da vida a bem de um engenhoso sistema de conceitos, mais caros à mente que a própria vida. Uma trabalha cooperativamente, "com os materiais dos outros", talvez orientando-os, mas reconhecendo, em primeiro lugar, sua existência, e compreendendo os seus propósitos: a outra, a do déspota barroco, insistindo na sua lei, na sua ordem, na sua sociedade, é imposta por uma única mentalidade profissional, a operar sob o seu domínio. Para aqueles que se encontravam dentro da vida barroca, o cortesão e o financeiro, essa ordem formal era orgânica: representava os valores que eles, como classe, tinham criado para si mesmos. Para os de fora, era uma negação da realidade. (Mumford, 1964, p. 498-9 [1961, p. 416-7])

Mumford analisa a monotonia da "tirania barroca" e suas origens militares, assim como a orientação sobre a residência do príncipe. Essa arquitetura leva direto à obra de Hausmann. Opondo Siena a São Francisco, Mumford escreve: "Isso demonstra admiravelmente a superioridade estética e de engenharia de uma planta orgânica realizada tendo em vista outras finalidades além do

...

pública não será retilínea; de fato, ele concorda que, assim como os rios, ela se flexione ora de um lado ora de outro, em meandros sinuosos. Assim, não somente ela parecerá mais comprida e dará a impressão de que a cidade é mais extensa, mas, além disso, contribuirá grandemente para sua graça, a comodidade de seus usos, as circunstâncias e as necessidade do momento. Como será precioso para aquele que ali passeia descobrir insensivelmente, a cada passo, novos aspectos dos edifícios" (Alberti, 2004, cap. 5, p. 205).

número máximo de lotes vendáveis e o exercício mínimo de imaginação". O quadriculado, em contrapartida, era perfeitamente adaptado às exigências comerciais e às novas burocracias (Mumford, 1964, p. 532 [1961, p. 458]).

Depois da unificação da Itália, em 1861, os edis mandaram erigir, em inúmeras cidades, ruas retas que, com muita brutalidade, cortavam feito faca o tecido dos bairros medievais. O *corso* Vittorio Emanuele II em Roma é o principal exemplo.

Mesmo sem nenhuma referência explícita à necessidade de poder matar mais facilmente os cidadãos, Le Corbusier expressa desde o princípio seu ódio pelas ruas sinuosas que desejava suprimir em favor de uma "máquina de trafegar", de uma "fábrica em comprimento" (*apud* Barancy, 2017, p. 82). A supressão da rua era central em seus grandes conjuntos: ela tinha que ser substituída por espaços amorfos (jardins, estacionamentos) entre as construções e por corredores dentro destes. A obsessão de Le Corbusier pelos ângulos retos (aos quais até dedicou um "poema") fazia parte de sua obsessão pela "ordem" em geral e correspondia de forma muito exata ao que a psicanálise chama de "caráter anal", típico de figuras autoritárias.[75] Desde seu livro *Urbanismo* (1925), ele expressava sua ojeriza pelo "caminho das mulas" e pelas cidades "construídas seguindo o caminho das mulas", como "Paris, Roma, Istambul" (Corbusier, 1994, p. 7 [1992, p. 6]). Inúmeras arquiteturas dessas últimas décadas (a arquitetura "líquida" dos pós-modernos) têm aparentemente virado as costas para os preceitos de Le Corbusier e valorizado por vezes linhas curvas, côn-

75 É melhor, portanto, chamá-lo de representante típico da burguesia de sua época, época "fordista", em vez de ressaltar, como faz o historiador da arquitetura Bruno Zevi, seu "temperamento de relojoeiro suíço" (*apud* Faletra & Latouche, 2019, p. 46). Embora Le Corbusier venha de um meio de relojoeiros suíços, não é correto atribuir uma responsabilidade tão pesada a um grupo que, pouco antes do nascimento do arquiteto, foi altamente representativo do movimento anarquista europeu.

cavas ou convexas, irregulares, "fractais".[76] Mas a rua continua ausente, e todas as tentativas de revitalizá-la dão com os burros n'água, assim como os esforços para ressuscitar dialetos asfixiados. As ruas exclusivas para pedestres são o exemplo mais claro disso: foram criadas depois de ser preciso admitir que os carros matam a vida urbana. Porém, é raro isso acontecer. Em geral, as ruas sem carros se transformam em centros comerciais a céu aberto, onde os edifícios antigos formam um simples cenário. Essas ruas exclusivas para pedestres não servem para colocar uma cadeira na frente das portas para papear com os vizinhos, nem para as crianças jogarem bola. As ruas precisam comprovar que *merecem* sua libertação dos carros demonstrando que produzirão um valor agregado superior ao de uma rua com tráfego de automóvel. É tão impossível reconstituir artificialmente uma vida urbana autêntica quanto retornar a práticas de artesanato para os turistas numa sociedade que continua sendo industrial.

O belíssimo livro *Street for People*, de Bernard Rudofsky (1969), contrapõe, com a mesma mistura de ilustrações magníficas e comentários sarcásticos presente em suas outras obras, a ausência de ruas e em geral de vida urbana digna desse nome nos Estados Unidos (com efeito, o subtítulo do livro é: *A Primer for Americans*, "um manual para os estadunidenses") à importância da rua nas cidades europeias, sobretudo italianas. Mas esse livro hoje nos deixa duplamente melancólicos: primeiro porque as fotos feitas na Itália remontam (as mais novas) ao final dos anos 1960. Elas constituem uma espécie de último retrato

76 Diz-se com frequência que a implosão dos edifícios de Pruitt-Igoe em Saint Louis (Missouri), em 1972, tinha sido o golpe de misericórdia no modernismo. Essas 33 torres de onze andares, previstas para receber dez mil pessoas em "moradias sociais" mistas, concluídas em 1956, eram um subproduto da Cidade Radiante, mantendo-se fiel a esse modelo. Seu arquiteto, Minoru Yamasaki, foi também responsável quinze anos depois pelo projeto do World Trade Center em Nova York — decididamente, ele não tinha muita sorte com suas construções! No entanto, o modernismo não estava morto, e o que viria em seguida não era melhor: o pós-modernismo.

do defunto, um canto fúnebre involuntário, um derradeiro testemunho do que logo desapareceria: a Itália foi invadida por uma peste automotiva ainda pior que em outros lugares e cujos efeitos foram mais terríveis na medida em que esse país tinha mais a perder. Esse livro nos deixa também melancólicos porque Rudofsky parecia ainda acreditar na possibilidade de "retransformar em área de pedestres" as cidades — os resultados foram os que acabamos de expor.

Uma das primeiras exigências do poder moderno é a de tudo ver, tudo controlar: é conhecido o papel emblemático da prisão dita "panóptica" proposta na Inglaterra por Jeremy Bentham em 1780. As longas artérias retas que atravessam as cidades modernas não servem apenas para atirar mais facilmente nos rebeldes, mas também para impedir que alguém possa chegar a pensar em se insurgir: é preciso que os citadinos saibam que alguém os observa — *Big Brother is watching you* — e que não há recônditos escuros onde se esconder para conspirar contra a ordem existente, nem labirintos onde se refugiar, nem ruelas sinuosas onde os representantes do Estado não consigam entrar. Essa transparência não deve somente ser entendida no sentido físico e visual do termo; ela é interiorizada até na ideia de que é impossível evitar o olhar dos senhores e que o simples fato de pensar numa ação ilícita já é algo vão.

O ideal panóptico do poder se realiza não somente na linha reta limpa, mas também no culto da *transparência*: ou seja, do vidro. O escritor alemão Paul Scheerbart (1863-1915), admirado por Walter Benjamin, enaltecia a arquitetura de vidro em suas narrativas fantásticas, não raro situadas em outros planetas, assim como num ensaio publicado em 1914 (Scheerbart, 2006), dedicado ao arquiteto Bruno Taut, que apresentou no mesmo ano uma casa de vidro dedicada a Scheerbart. De maneira ainda mais sinistra, no romance *Nós*, de Ievguêni Zamiátin, escrito em 1920 na nascente União Soviética, que passa como sendo o primeiro romance distópico e o modelo das distopias de George Orwell e de Aldous Huxley, toda a arquitetura é de vidro — elemento essencial do novo totalitarismo. Como em outros campos, aqui a imaginação dos pessimistas antecipou a realidade: apenas nos anos 1950 é que Ludwig Mies van der Rohe, ex-diretor da Bauhaus (onde muito já se haviam utilizado as fachadas de vidro), generaliza nos Estados Unidos os arranha-céus de fachada toda de vidro. A horrenda pirâmide do Louvre e a nova Biblioteca Nacional da França só poderiam ser de vidro, bem como o novo Museu da Acrópole[77] em Atenas. Esse fanatismo da transparência corresponde ao desejo de vigilância total do senhor. A arquitetura da visibilidade surgiu quando a crença em um Deus que tudo sabe e tudo vê começou a assustar um pouco menos as consciências — Bentham era um protagonista das Luzes! É também uma luta contra nossa parte de sombra, contra tudo o que escapa ao domínio da racionalidade instrumental.

77 A respeito desse museu, indico meu artigo "De *l'aura* des anciens musées et de *l'expérience* des nouveaux" (Jappe, 2012, p. 18-25).

— CAPÍTULO 6 —

Elogio de William Morris

Talvez nenhum autor tenha contribuído tanto e tão precocemente para a crítica da arquitetura moderna quanto o artista e escritor inglês William Morris (1834-1896) — de modo que quase dá para dizer que foi seu fundador. Ele fornece a prova de que a aplicação do critério dito "estético" pode por vezes levar a conclusões mais seguras do que os critérios pretensamente "sociais": sua rejeição da feiura produzida pela industrialização o incitou a fazer uma crítica mais completa da sociedade capitalista do que o movimento operário da época. Morris primeiro erigiu, seguindo os passos do historiador da arte John Ruskin, uma crítica vigorosa ao tipo de restaurações dos edifícios antigos que se faziam então. Em seguida, desenvolveu suas reflexões combinando crítica social e crítica estética, rejeição ao capitalismo e rejeição à sociedade industrial, pensamento ecológico e aspiração ao socialismo libertário, inspirando desde então inúmeras análises críticas da modernidade e sendo objeto de um forte e reavivado interesse nos últimos anos. Nele, ideias marxistas e anarquistas se misturam (Jappe, 2013). Morris era particularmente sensível à questão da arquitetura e da salvaguarda do artesanato, do ornamento e das tradições medievais, a ponto de ele próprio desenhar suas moradas e seus interiores, em especial a Red House, perto de Londres. Entretanto, não propunha retomar as práticas artesanais antigas tais como eram, mas modernizá-las no melhor sentido do termo; por um uso refletido e controlado das tecnologias quando servem de fato a aliviar os trabalhadores, instaurando ao mesmo tempo novas relações sociais. Se a fórmula tão repetida da "união entre modernidade e tradição" pode ter outro sentido além do publicitário, é com William Morris. Em contrapartida, não surpreende que os "progressistas" de todas as cores olhem para ele com desconfiança: Arnold Hauser, um dos mais importantes historiadores marxistas da cultura, próximo de György Lukács, afirmou em 1951 que Morris, apesar de seus méritos como socialista, "não reconhece o significado do mais importante e mais prático recurso moderno de produção: a máquina", por causa de seu "tradicionalismo pequeno-burguês" e de seu "provincianismo" partilhado com Ruskin. Com efeito, Ruskin e Morris "esqueceram que não existia outra maneira de controlar a máquina senão aceitá-la e conquistá-la espiritualmente" (Hauser, 2004, p. 726-7 [2000, p. 843-4]).[78] Dez anos depois, Constant se regozijava com o fato de que "a máquina tinha sobrevivido às ideias de Ruskin e Morris [e] abre no presente perspectivas ilimitadas para o homem e a cultura".[79]

Em seu romance de antecipação *Notícias de lugar nenhum*, publicado em 1890, Morris (2009 [2019]) imagina um militante socialista que acorda na Inglaterra do início do século XXI, várias décadas depois de uma revolução que desembocara na instauração de uma sociedade feliz. Ali ele descobre que o Estado e o mercado, o dinheiro e o comércio, as grandes cidades e a grande indústria, as classes sociais e a propriedade privada desapareceram para dar lugar a uma sociedade fundada no artesanato e na agricultura, onde reinam a liberdade, a frugalidade e a alegria de viver. O trabalho nessa sociedade é um prazer. Uma das primeiras coisas que ele nota são as mudanças na arquitetura.

78 De qualquer modo, Hauser acrescenta que Morris "avaliava a função da máquina em termos muito mais progressistas e racionais do que seu mestre [Ruskin]. Censurou a sociedade da época por fazer mau uso das invenções técnicas, mas sabia que, em certas circunstâncias, estas poderiam ser comprovadamente uma bênção para a humanidade" (Hauser, 2004, p. 728 [2000, p. 845]).

79 Conferência "L'Urbanisme unitaire", dez. 1960, citada em Andreotti (2007).

As casas, belas e bem-feitas, são cheias de decorações: "Em sua maioria eram construídas de tijolos e cobertas de telhas e pareciam, acima de tudo, confortáveis, como se fossem, por assim dizer, vivas e simpáticas à vida de quem as habitava" (Morris, 2009, p. 21 [2019, p. 33]). Assim como estão em harmonia com seus habitantes, também o estão com a natureza do lugar onde nascem. Trata-se de uma arquitetura perfeitamente integrada à paisagem. O narrador evoca um lugar "onde agora se viam duas ou três belas casas de pedra plantadas (uso esta palavra de propósito, pois elas pareciam fazer parte da colina)" e onde "ficara bela a pequena aldeia com suas casas de pedra; pois tínhamos acabado de chegar à região das pedras, onde todas as casas ou devem ser construídas de pedra, das paredes até o teto, ou devem se transformar em borrões na paisagem" (Morris, 2009, p. 442-3 [2019, p. 262]).

Aqueles que se deslocam nesse mundo sempre encontram à sua disposição uma "casa de hóspedes", que em geral "era uma construção comprida, dotada de empenas que se afastavam da rua e de janelas altas, trabalhadas e fixadas bem baixo na parede à nossa frente. Era uma bela construção de tijolos vermelhos com telhado de chumbo; e, lá no alto, bem acima das janelas, havia um friso com personagens esculpidos em barro queimado, muito bem executados e desenhados com uma força e uma sinceridade que ainda não tinha notado no trabalho moderno". No interior, achava-se um

> salão cujo piso era um mosaico em mármore e cujo teto era feito de vigas aparentes de madeira. Não havia janelas no lado oposto ao do rio, mas arcos mais abaixo que conduziam aos aposentos — além de um deles se via a nesga de um jardim — e acima dos quais havia uma grande parede com uma pintura alegre (creio que um afresco) com os mesmos personagens do friso exterior; tudo naquele lugar era belo, feito de material generosamente maciço e, embora não fosse grande (talvez um pouco menor que Crosby Hall), tinha-se a sensação estimulante de espaço e liberdade que a boa arquitetura sempre oferece a

> um homem pouco ansioso e habituado a usar os olhos. (Morris, 2009, p. 32-3 [2019, p. 39-40])

Com efeito, uma gravura dessa casa imaginária ilustra a página de rosto da edição original do livro. O modelo principal dessas construções é medieval. Assim, vemos casas que:

> Todas eram belas e muito sólidas, mas rústicas e simples, casas de gente do campo; algumas delas eram feitas de tijolos vermelhos, como as que se viam na margem do rio, mas a maioria era de madeira e reboco, tão semelhantes às casas medievais feitas do mesmo material que me senti como se estivesse no século XIV. (Morris, 2009, p. 55 [2019, p. 51])

Sem dúvida, é possível manter algumas reservas com relação ao estilo neogótico que Morris em geral pregava, assim como em relação à sua adesão aos gostos ecléticos típicos do fim do século XIX (o que demonstra que nem mesmo os melhores espíritos conseguem escapar de sua época). Ele exalta

> um grande castelo, dotado de um estilo esplêndido e exuberante de arquitetura, de que pouco mais se poderia dizer além de me parecer que reunia as melhores qualidades do gótico do norte da Europa mesclado ao sarraceno e ao bizantino, sem ser cópia de nenhum desses estilos. No outro lado, o lado sul da estrada, havia um edifício octogonal de teto alto, que lembrava o Batistério em Florença mas que era cercado por uma cobertura que claramente compunha uma arcada ou um claustro; era também delicadamente ornamentado. (Morris, 2009, p. 57 [2019, p. 52])

Não é o estilo que conta, mas a alegria que uma arquitetura pode criar e exprimir: "Toda essa massa de arquitetura, que tínhamos tão inopinadamente encontrado ao sair dos campos agradáveis, não era apenas linda em si, mas tinha a expressão de tamanha generosidade e abundância de vida que me senti reanimado de uma forma que nunca tinha sentido antes" (Morris, 2009, p. 58 [2019, p. 52]).

Em tais condições, nas quais a questão é produzir coisas belas e úteis ao mesmo tempo, o trabalho, executado coletivamente, é uma alegria, e o risco não é de todo mundo querer fugir a partir do momento em que não for mais forçado a ele ou seduzido pelo atrativo do ganho, como sempre afirmaram os que organizaram as sociedades hierárquicas, onde o trabalho manual é imposto a uma parte da população e considerado um fardo: "Veja, as crianças geralmente gostam de imitar os mais velhos e, quando veem todo mundo ocupado com atividades prazerosas, como a construção de casas ou a pavimentação de ruas ou a jardinagem e outras coisas semelhantes, é isso que elas vão querer fazer" (Morris, 2009, p. 74 [2019, p. 60]). O risco de *faltar* trabalho é muito maior: tudo é tão bem-feito e tão sólido que, depois de algumas décadas substituindo as construções feias herdadas da sociedade industrial, não resta muita coisa a fazer para aqueles que desejam usar as mãos e o cérebro nas construções. Portanto, são os ornamentos que possibilitam aos habitantes da sociedade futura, como um interminável *work in progress*, continuar seus trabalhos que são puro prazer:

> Não lamentamos que se mantenham alguns edifícios sem graça, pois podemos construir noutro lugar, nem ficamos preocupados em achar trabalho prazeroso, pois sempre há trabalho a fazer num edifício novo, sem torná-lo pretensioso. Por exemplo, gosto tanto de espaço interior que por ele eu quase seria capaz de sacrificar espaço externo. E, é claro, há a ornamentação, aceitável quando feita em excesso numa casa, mas não nas câmaras ou nos mercados, e assim por diante. Meu avô às vezes me diz que não sou bom neste assunto de belas construções; na verdade, acho que as energias da humanidade deveriam ser aplicadas a esse tipo de trabalho, pois nessa direção o trabalho não tem fim, enquanto em muitas outras um limite parece bem possível. (Morris, 2009, p. 78-9 [2019, p. 62-3])

Essa pintura idílica retira sua força de seu contraste com a arquitetura do século XIX para a qual Morris olhava com desgosto.

Há evidentemente os pardieiros para os pobres: ele fala de "um cômodo onde antes houve um arremedo de casa, um cubículo onde homens e mulheres viviam no meio da sujeira, apertados como sardinhas na lata. Viviam de uma forma só tolerável por quem se degradou abaixo da humanidade" (Morris, 2009, p. 159 [2019, p. 109]). Mas o visitante-narrador (que, não podendo admitir o fato de ter vindo de outra época, pretende ter saído da Inglaterra há muito tempo e pede que tudo lhe seja explicado) levanta assim uma questão raramente abordada: se a feiura das moradias populares era uma consequência da miséria material e cultural dos pobres, porque os ricos, que dispunham do necessário para viver e de moradias agradáveis, também escolhiam arquiteturas horríveis que "desonravam a face desta Terra"? Uma mulher responde ao visitante:

> Acho difícil de entender. Entendo a razão por que os trabalhadores, tão oprimidos, não podiam morar em belas casas, pois para construir belas moradias são necessários tempo, lazer e mentes desanuviadas; entendo por que essas pobres pessoas não podiam ter essas coisas boas e (para nós) necessárias. Mas que os ricos, que tinham o tempo, o ócio e os materiais para construir, não se abrigassem bem, não consigo entender. Sei o que você está querendo me dizer: que as casas deles e todos os seus pertences eram feios e sem graça, exceto o que sobrou do trabalho de nossos antepassados, como aquele que ali vemos; que eles eram... deixe-me ver, qual é a palavra? "Vulgares", disse eu. "Dizíamos que a feiura e a vulgaridade das moradias dos homens ricos eram um reflexo necessário da sordidez e da aridez da vida que impunham aos pobres."

Essa situação é uma consequência de que,

> nos tempos da desigualdade, a condição essencial da vida dos ricos era o fato de não produzirem eles próprios as coisas que usavam como adorno de suas vidas, mas o de serem aqueles que forçavam quem os fabricava a viver uma vida sórdida e miserável, que a conse-

quência necessária da sordidez e da aridez dessa vida se reproduzia nos adornos da vida dos ricos e que a arte morreu entre os homens. (Morris, 2009, p. 457-8 [2019, p. 270-1])

Morris ressalta que não se trata somente de um fato material, mas de um verdadeiro ódio contra a beleza e o passado: "Bem, os edifícios foram muito castigados pelas últimas gerações de aristocratas, que pareciam nutrir um ódio especial por belos edifícios antigos e pelos registros da história passada" (Morris, 2009, p. 382 [2019, p. 230]).

Morris afirma que as artes e a arquitetura que ele tantas vezes enalteceu, em particular o estilo gótico, são a expressão de uma sociedade relativamente equilibrada, governada pelas guildas. Em contrapartida, ele se mostra muito mais crítico com relação à arte do Renascimento, que considera a expressão de uma sociedade servil. Não se pode tachar uma visão dessas de simples "idealização" inapropriada da Idade Média: no caso da Inglaterra, pelo menos, havia um fundo de verdade. Primeiro país europeu a ter abolido a servidão, por volta do século XIV, a Inglaterra contava com grande quantidade de camponeses abastados e relativamente independentes, os *yeomen*. Nesse caso preciso, a arte e a arquitetura poderiam ser consideradas um "espelho" fiel de seus criadores. Parece, todavia, difícil generalizar essa abordagem. Assim, as cidades e os vilarejos maravilhosos do sul da Itália onde Pier Paolo Pasolini filmou *O Evangelho Segundo São Mateus* (1963) foram construídos essencialmente durante o longo período feudal e de dominação espanhola, particularmente nefasto nessas regiões. Logo, é preciso levar em consideração outro fator: as teias do Estado e do poder político em geral não eram tão estreitas nas sociedades pré-modernas, e as trocas só excepcionalmente se revestiam da forma de um mercado. A vida cotidiana se dava segundo leis próprias, independentemente das trocas que aconteciam na "superestrutura" (política, institucional), e não evoluía senão de maneira muito lenta; os modos de construir e as artes ditas "aplicadas" faziam parte disso. Seria possível, assim, dizer que essas arquiteturas "felizes" não eram o espelho de uma sociedade opressora e alienada (notadamente pela religião), mas de uma espécie de "substrato" humano que resistia de modo tenaz a todas as formas de poder separado. O fato de a vida cotidiana estar "atrasada" em relação aos setores "superiores" e "mais desenvolvidos" da sociedade, como afirmava Henri Lefebvre (1958, p. 15), era algo que contava a seu favor.

Entre os discípulos de William Morris e do movimento Arts & Crafts, a desconfiança com relação ao concreto persistia:

> Alguns arquitetos ingleses qualificaram a cofragem de concreto como "gagueira" e, durante seus encontros profissionais, o uso desse novo material foi acerbamente discutido. Pouco antes da Primeira Guerra Mundial, o arquiteto inglês W. R. Lethaby, aluno de Philip Webb, deu uma conferência sobre esse tema no Northern Polytechnic Institute, na qual expressou dúvidas clarividentes quanto às consequências das técnicas de concreto armado sobre a qualificação da mão de obra: "Não seria motivo de muita alegria que se desenvolvesse uma sociedade onde todos os operários e todos os trabalhadores fossem contratados para apanhar com pás esse horrendo cimento líquido e fossem comandados por chefes de equipe munidos de cronômetro na mão" (Fredet, v. 2, 2003, p. 99).[80]

Como sabemos, a arquitetura na sociedade capitalista evoluiu na direção oposta à que Morris tinha desejado. A perda de sensibilidade pelo aspecto material da construção — os materiais — é particularmente evidente. A arquitetura contemporânea se tornou um simples ramo do design: os arquitetos/designers só raciocinam em termos de impacto no público, em termos de *imagem*.

80 Que se refere a *The Builder*, 7 fev. 1913, *apud* Collins (1998, p. 240). O arquiteto Philip Webb (1831-1915) desenhou em 1859 a Red House para William Morris, com quem partilhava as atividades dentro do movimento Arts & Crafts, a Sociedade Protetora das Edificações Antigas e a Liga Socialista.

O mundo material concreto, assim como os materiais de construção, as particularidades do local, o destino, as necessidades dos usuários, não são mais levados em conta senão com desdém, como uma resistência residual de um mundo ao mesmo tempo material e humano que ainda não entendeu que não há outra escolha a não ser se dobrar aos grandiosos desígnios dos arquitetos e seus investidores. É claro que sempre existiram arquitetos e investidores arrogantes, capazes de arrasar colinas e desviar rios para realizar seus sonhos de glória em pedra. Mas antes da invenção de certas tecnologias e certos materiais, como o concreto, eles simplesmente não tinham a possibilidade técnica de fazer pouco-caso do mundo material. Hoje, adaptar-se às exigências dos materiais e da topografia deve lhes parecer uma humilhação, uma aceitação da condição de "joão-ninguém". Isso resulta em obras desconectadas do lugar onde se encontram, como a estação de trem-bala de Afragola, na periferia mais pobre de Nápoles, projetada pela arquiteta celebridade Zaha Hadid. Em seu ensaio "Urbanismo e arquitetura como psicopatologias", Marcello Faletra caracteriza essa estação como "uma carta magna da arquitetura contemporânea na 'terra do fogo'", uma das regiões mais poluídas da Europa por causa do lixo tóxico que é ali queimado sem qualquer precaução.

> As soluções cenográficas cheias de efeitos, o design de ficção científica, a estereometria de formas e luzes fazem dessa arquitetura um objeto absoluto, um cristal de coleção, por sua composição perfeita; demasiado longe de nós, humanos, para que possamos habitá-lo. Essa estrutura é um *fantasma* arquitetônico perfeito, que combina a modelização matemática com a estética do objeto puro. Por seu charme futurista, é uma espécie de para além da arquitetura. Com efeito, é até difícil ir até lá de tão arriscado que é nos perdermos no labirinto de ruelas comunais e provinciais que forçam a viajar ao ritmo de um carro de boi. Já aconteceu de uma mulher ser vítima de um ataque cardíaco e morrer ali mesmo porque a ambulância, embora estivesse bem ao lado da estação, teve dificuldades para chegar por causa da ausência de

> sinalização. Para os centros comerciais, não é a mesma coisa. É como se Hadid tivesse esquecido de levar em consideração as exigências do lugar. [...] Poucas pessoas podem ter acesso à estação. Somente com um bilhete de trem. A arquitetura, como estatuto de classe, perpetua-se, apesar da face "democrática" da hipermodernidade. Um silêncio inquietante emana da estrutura transparente do teto, sob o qual não é possível encontrar nada além de um punhado de pessoas. Um silêncio sideral que projeta a estação num espaço fantasmático que não tem nada a ver com o território. (Faletra & Latouche, 2019, p. 52-4)

Como as loucuras dos arquitetos estrelas e seus laços com o neoliberalismo global e a modernidade "líquida" já foram amplamente descritos, remetemos a esses comentários (La Cecla, 2010 [2011]; Lipovetsky & Serroy, 2013 [2015]) para continuar a nos concentrar na questão dos materiais, geralmente escanteada. Basta lembrar que alguns desses arquitetos têm por princípio não querer conhecer o local onde sua obra será implantada — esta deve existir como objeto puro, independentemente de todo e qualquer contexto.

Um exemplo bem conhecido dessa abordagem é o da Biblioteca Nacional da França e, mais precisamente, de sua sede em Tolbiac. O presidente François Mitterrand tinha escolhido em 1989 o projeto de Dominique Perrault em nome da "transparência". A cultura tinha que estar aberta para todos, e não enfurnada em porões escuros que só atraem ratos de biblioteca! Essa escolha se traduziu num verdadeiro "caso exemplar" dos absurdos da arquitetura contemporânea: as quatro torres contendo os livros foram construídas em vidro — símbolo da transparência, da democracia e da cultura para todos! O simples fato de que os livros não devem estar expostos à luz, sob pena de serem danificados, não foi levado em conta ou não interessou a nenhum dos "decisores". Talvez já tivessem previsto na época, do alto de sua grande sabedoria, que o futuro livro digital se emanciparia de seu suporte arcaico de papel. Alguns anos após a inauguração, ao contrário dos projetos iniciais, foi preciso transportar os livros para o subsolo do edifício, situado sob o nível do Rio Sena adjacente. Eles foram danificados ali por diversas inundações (sobretudo em 2014) e pela poeira de amianto.[81] A isso se adicionavam as distâncias excessivas entre os setores da construção, escadas externas perigosas e inúteis.[82] Os problemas de funcionamento, notadamente do sistema de informática, eram tão flagrantes que uma "missão de informação" do Senado foi criada em 2000 para se concentrar nele. Sem surpresa, essa biblioteca atrai muito menos público do que o previsto. Uma pessoa perspicaz resume assim a situação:

> O ingresso é pago e é caro, os leitores sofrem uma triagem, é preciso reservar seu lugar com muita antecedência, evidentemente pela internet, parte dos funcionários (graduados) é desagradável, os horários de abertura são ridículos, os dias de fechamento, excessivos. Além do mais, a travessia de um bairro novo repugnante (habitado por executivos, com prédios de escritórios horrendos e já em ruínas por todo lado), praticamente sem comércio (pouquíssimos cafés, por exemplo), é particularmente desagradável (a sensação é de estar no bairro de La Défense). Sua missão primeira era, porém, prestar um serviço a mais leitores, vindos de todos os lugares...

81 A desamiantagem tinha primeiramente sido julgada muito onerosa pela direção. Ver Elian Patriarca, "Des livres qui tombent en poussière d'amiante", *Libération*, 25 jan. 2006.

82 A primeira denúncia detalhada tinha sido feita por Mandosio (1999; 2000).

— CAPÍTULO 7 —

O concreto do abstrato

Há outro aspecto do concreto armado, mas que só foi levado em conta acidentalmente por seus comentadores, inclusive os mais críticos. Pode-se explicar isso por meio de um jogo de palavras que funciona em inglês, em espanhol e em português, mas infelizmente não em francês nem em outras línguas. O concreto é traduzido como *concrete* em inglês, *concreto* em espanhol e em português do Brasil. Como já expusemos no segundo capítulo, a palavra *concreto* remete etimologicamente ao que é "sólido", "compacto". E, como se sabe, o par concreto/abstrato desempenha um papel central no pensamento filosófico ocidental.

Ora, pode-se dizer que o concreto *constitui um dos lados concretos da abstração mercantil produzida pelo valor que é, ele próprio, criado pelo trabalho abstrato*. Não se trata de um dito gracioso com base num jogo de palavras. Para ser mais preciso: a sociedade capitalista está fundada na abstração, numa abstração bem particular — *o trabalho abstrato que cria valor*. Essa abstração se expressa de forma particularmente concreta e visível em dois materiais: o concreto e as matérias plásticas.

O REINADO DA ABSTRAÇÃO

As considerações a seguir podem também ser aplicadas às matérias plásticas, produzidas numa quantidade de oito bilhões de toneladas no mundo durante os últimos sessenta anos. Sabemos que uma massa de partículas desse material, de uma superfície igual a três vezes a da França, flutua sobre o oceano Pacífico. As matérias plásticas gozam de péssima reputação atualmente, e todo mundo está de acordo — ou finge estar — quanto à necessidade de reduzir sua presença em nossa vida.

Minha escolha foi me concentrar no concreto, contra o qual nenhuma luta sistemática foi empreendida até aqui e que continua a gozar de uma presunção de inocência injustificada. Mas é preciso lembrar que grande parte do que direi acerca da relação entre o concreto e a lógica do valor é também verdade no que diz respeito às matérias plásticas.

Em que sentido se pode dizer que a sociedade moderna é fundada em abstrações?[83] De acordo com uma longa tradição filosófica que remonta à Antiguidade grega, a abstração consiste no fato de extrair — no pensamento — uma característica comum a diferentes objetos: assim, o termo "árvore" é uma abstração com relação a carvalhos, palmeiras e pinheiros, assim como o termo "bondade" é uma abstração com relação a uma vasta gama de ações consideradas positivas. O pensamento europeu considera sua capacidade de "fazer abstração" como um avanço de grande monta frente ao "pensamento selvagem", *a fortiori* desde a "revolução científica" do século XVII.

É somente a partir do século XIX que o estatuto dado à abstração conhece uma verdadeira revolução: para Hegel, Feuerbach e Marx, ela não é apenas um dado do pensamento, mas pode se tornar uma espécie de *realidade*. Cada qual à sua maneira, esses pensadores chamam a atenção para o fato de que as construções mentais resultantes da abstração não são apenas ferramentas para melhor apreender a realidade, mas se revestem, por sua vez, de um aspecto concreto, ou, melhor dizendo, pseudoconcreto. O abstrato, que tem sua origem no dado concreto, volta a se encarnar num concreto. Em linguagem filosófica, chama-se

83 Com relação a toda a exposição a seguir, ver Jappe (2017 [2006]).

isso de *hipóstase*. Para Feuerbach, a ideia de Deus é o resultado de uma *inversão entre abstrato e concreto* (que se poderia também interpretar, em termos filosóficos, como uma inversão entre sujeito e predicado, entre substância e acidentes). O homem, ser concreto, acaba por acreditar que depende daquilo que, em verdade, não passa de uma criação de seu cérebro, de uma projeção: de uma abstração. O jovem Marx demonstra que mesmo formas como o direito e o Estado são abstrações hipostasiadas. A alienação de que falamos no capítulo anterior consiste justamente nessa desvalorização do sujeito concreto e particular em proveito de uma abstração — como a pátria, o dever, as leis da economia — que não é nada mais do que a camuflagem de outro sujeito concreto e particular que conseguiu se passar por universal e abstrato.

Esses debates, de extrema importância, permaneciam, no entanto, num terreno conceitual. A abstração mantinha essencialmente o caráter de uma *ideologia*: é uma ideia falsa que se tornou um poder social porque as pessoas acreditam nela e regulam seus comportamentos com base nela. As diferentes formas de marxismo conservaram em geral essa concepção da abstração como um truque mais ou menos consciente operado pelas classes dominantes.

Marx em seguida deu um passo decisivo na compreensão da importância da abstração no capitalismo. A partir de 1858, durante a lenta elaboração de *O capital*, ele introduz o conceito de "trabalho abstrato". Cerca de quinze anos ainda lhe serão necessários para depurar claramente todas as suas características e lhe atribuir um papel central na crítica da economia política — embora acabe considerando "a dupla natureza do trabalho" como sua descoberta mais importante. A substituição do conceito de "alienação" pelo de "fetichismo da mercadoria" se inscreve nesse contexto.

Sem entrar aqui nos detalhes da recepção — muito hesitante — desses conceitos na história do marxismo (Jappe, 2019), contentemo-nos em lembrar que é somente nos anos 1980 que o poder heurístico do conceito de trabalho abstrato é realmente reconhecido, primeiro por autores como Robert Kurz e os da revista *Krisis* na Alemanha, e por Moishe Postone nos Estados Unidos, com frequência identificados pelo termo "crítica do valor".[84]

Em que consiste esse "trabalho abstrato" tão misterioso? O conceito pode, sem dúvida, provocar confusão. Primeiramente, leva a pensar em trabalho "imaterial", e até em trabalho "informático". O conceito exposto por Marx — de forma bastante breve, deve-se dizer — no primeiro capítulo é, porém, muito claro: trata-se da "dupla natureza" do trabalho. Em vez de falar de "trabalho abstrato" e de "trabalho concreto", seria necessário sempre mencionar "o lado abstrato do trabalho" e "o lado concreto do trabalho". Não são duas espécies diferentes de trabalho, e não é o *conteúdo* de um trabalho que determina se ele é "abstrato" ou "concreto". O fato é que cada atividade é necessariamente dupla: ela sempre desemboca em algum resultado, seja material ou imaterial. É inevitável que ela "produza" alguma coisa, quer se trate de uma casa ou da cura de alguma doença. Ao mesmo tempo, implica a todo momento um dispêndio de energia humana — de "matéria cerebral, de músculos, de nervos, de mãos etc.", como diz Marx (2014, p. 50 [1983, p. 51]), ao precisar que o trabalho dos "nervos" (por exemplo, ao se utilizar um computador) ou

84 Meu livro *As aventuras da mercadoria* (Jappe, 2017 [2006]) traz uma introdução geral a essa corrente. É possível encontrar em francês os livros seguintes de Robert Kurz (2002; 2018; 2004; 2005; 2011; 2019; 2020. Ver também: Lohoff e Trenkle (2014); Scholz (2019); Groupe Krisis (2020); bem como a revista *Jaggernaut. Crise et critique de la société capitaliste-patriarcale*; e a obra principal de Postone (2009 [2015]). Ver também Postone (2013).

do cérebro (ao ministrar aulas, ao escrever um livro) é também um dispêndio de energia, embora não desemboque em resultado material. Esse dispêndio de energia existe em todas as formas de atividade, quaisquer sejam o lugar, as circunstâncias e a época histórica. Entretanto — e este é um ponto essencial —, nas sociedades pré-capitalistas esse dispêndio de energia representa apenas um fato teórico, que não desempenha qualquer papel nas relações sociais. A rigor, poderia até ser aplicado aos animais que despendem energia caçando e pastando. É apenas na sociedade capitalista que ele se torna um fator social central. A energia despendida é difícil de ser mensurada de forma direta — é o *tempo* durante o qual ela foi gasta que conta;[85] ele dá o "valor" da mercadoria produzida pelo trabalho. O que se produziu concretamente durante esse tempo é um *valor de uso*. A mercadoria tem sempre, e por toda parte, um valor de uso — é o que se pode fazer dela —, mas também tem sempre um valor que depende do trabalho médio necessário para produzir um objeto (ou serviço), inclusive pré-requisitos (matérias-primas, instrumentos, locais de trabalho etc.). O valor é enquanto tal uma entidade abstrata que somente se torna visível quando se transforma em *valor de troca*: este indica o que se obtém em troca da mercadoria — na prática, uma quantia de dinheiro. Não se deve confundir valor — que é tempo de trabalho — com valor de troca, que consiste em outra mercadoria (historicamente, sobretudo metais preciosos, depois a moeda).

Portanto, não existe um trabalho concreto diferente do trabalho abstrato. É o *mesmo* trabalho que possui simultaneamente um lado abstrato e um lado concreto. Pode-se dizer que são duas maneiras diferentes de "olhar" ou "tratar" esse trabalho (com a condição de não imaginar esse "olhar" como uma atividade

85 Nas descrições do trabalho abstrato, encontramos não raro a ideia de que, segundo Marx, é o tempo de trabalho que cria valor. É um atalho incorreto, porque o tempo em si mesmo não pode criar nada: ele é apenas a medida de algum bem mais "concreto", a energia humana. Para aprofundar esse ponto, ver Kurz (2019).

consciente). No capitalismo, qualquer trabalho é tão concreto quanto abstrato: são as duas faces da mesma moeda, de uma mesma realidade. O trabalho do marceneiro tem um lado abstrato (que engendra valor e, no fim das contas, define o preço da mesa que ele produz), assim como o trabalho do blogueiro tem um lado concreto (ele produz, por exemplo, fake news). Um trabalho, portanto, não pode ser "mais abstrato" que outro, nem ser primeiro concreto e depois se tornar "abstrato" na troca.[86] Cada trabalho no capitalismo é, desde o princípio, completamente abstrato *e* completamente concreto — depende apenas do ponto de vista de que se olha.

Poderíamos cair na tentação de considerar o lado abstrato do trabalho como uma simples operação mental, uma simplificação que possibilita as trocas ao reduzir todos os trabalhos a uma unidade de medida comum, assim como as mercadorias que eles criam, que são por natureza diferentes umas das outras e, enquanto tais, incomensuráveis. Na sociedade capitalista — mercantil, burguesa ou moderna: esses termos são usados aqui como equivalentes —, o lado abstrato do trabalho não é neutro, ele se torna o verdadeiro mestre do jogo. Embora derivando do concreto, o abstrato, por uma espécie de inversão, torna-se a realidade substancial, e o concreto passa a existir apenas como encarnação temporária e intercambiável do abstrato.

Essa descrição fica um pouco menos "abstrata" quando a relacionamos com a vida cotidiana: a capacidade dos diferentes trabalhos, e mercadorias que deles resultam, de satisfazer as necessidades e os desejos sociais não conta perante sua única função social, qual seja, a de representar o máximo de valor possível, e principalmente de *mais-valor*, a fonte do *lucro*. O valor em si mesmo é um termo abstrato. Basta substituí-lo por sua representação numa mercadoria, no caso, o dinheiro, para que tudo

86 Embora um bom número de marxistas afirme que é assim — mas, para poderem dizer isso, eles precisam se opor abertamente aos textos de Marx.

fique mais claro. O que chamamos de "economia" gira apenas em torno do dinheiro (valor) e do lucro (mais-valor). Enquanto pessoas morrem de fome, joga-se fora comida se ela não desempenhar bem seu papel de realizar lucro suficiente, e produzem-se milhões de carros 4 × 4 se isso se apresentar como um "bom investimento". Quando conseguimos nos libertar de uma simplória condenação moralista que tenta explicar esse fenômeno pela "cobiça" e pelo "egoísmo" — atribuídos seja a certos indivíduos ou grupos apenas, seja a todo o gênero humano —, vemos aí uma consequência, em última análise, da dupla natureza do trabalho: cada trabalho, portanto, cada mercadoria, não conta por sua particularidade e sua relação com a vida humana, mas somente como porção maior ou menor de uma única substância, de uma substância sempre igual, sem conteúdo, que apaga qualquer particularidade. Com efeito, Marx chama o trabalho abstrato de "gelatina" (*Gallerte*). Mas é uma gelatina imaginária, fantasmagórica: esse trabalho não é nada mais do que a "mesma atividade fantasmagórica, uma simples gelatina de trabalho humano indiferenciado, isto é, do dispêndio de força de trabalho humano, sem consideração pela forma como foi despendida" (Marx, 2014, p. 43 [1983, p. 46]). Trata-se de uma projeção coletiva e inconsciente, em que as mercadorias são tratadas em função da quantidade de trabalho que sua produção custou — mas esse trabalho não está mais presente, diferentemente do valor de uso do produto. Ele se tornou imaginário.

É por isso que o valor não tem nada de "neutro" ou inocente: enquanto os usos são infinitos, o valor é apenas um, sempre o mesmo — assim como o trabalho abstrato, que é sempre o mesmo. Perante a ausência de *qualidades* diferentes, resta apenas a *quantidade* pura. Cada valor se distingue do outro apenas por sua quantidade diferente: "[...] as variadas espécies de trabalho, determinadas, concretas, úteis, contidas nos diferentes corpos das mercadorias figuram, agora, como outras tantas formas particulares de efetivação ou de manifestação do trabalho humano como tal (Marx, 2014, p. 73 [1983, p. 65]). Pouco importa o que se faz durante o tempo de trabalho, a partir do momento em que a criação de valor e de mais-valor atinge os padrões exigidos para que o capital se reproduza (portanto, para que o investimento engendre lucro). O trabalho abstrato e sua consequência, o valor, repousam, assim, sobre uma *indiferença estrutural* com relação ao mundo, sobre uma incapacidade de levar em conta as consequências da produção. O egoísmo dos executores dessa lógica, isto é, os dominadores e exploradores, apenas se soma a essa lógica, mas não é a causa de origem.

A crítica social contemporânea explicou em detalhes as consequências dessa estrutura de base da sociedade da mercadoria e, especialmente, seu potencial destrutivo: se o trabalho concreto e o valor de uso só existem como "portadores" de uma substância abstrata e indiferenciada, a sociedade como um todo é prisioneira do automovimento desse "sujeito autômato" (Marx, 2014, p. 173 [1983, p. 130]) que é o valor e consome o mundo concreto para crescer como valor e capital.

MATERIALIZAÇÃO DA LÓGICA DO VALOR

Para voltar, a partir dessa exposição, ao concreto, é preciso ressaltar sobretudo o seguinte aspecto da lógica do valor: sua aniquilação da diversidade, que produz finalmente uma aniquilação do mundo — e isso, na prática. Trata-se de uma gigantesca *reduction ad unum*, uma *Gleichschaltung* ontológica, uma uniformização permanente. Para o valor, as formas infinitas do mundo não passam do revestimento de uma substância sempre idêntica. Marx descreveu muito bem esse fenômeno com o termo *Gallerte* — gelatina.

Para ele, o valor se opõe ao valor de uso. Essa oposição frequentemente foi interpretada como uma dialética entre um polo "positivo" e um polo "negativo": o valor de uso representaria, assim, aquilo a que a produção deveria de fato servir, de um ponto de vista humano. A criação de valores de uso aparece como um fator apenas técnico, pré-social, uma relação entre o homem e a natureza, que se encontra em seguida pervertida pelo valor quando o produto é vendido como mercadoria. Tanto nas teorias como nas práticas da esquerda, sempre se invocava a "libertação" do valor de uso. Era preciso um certo esforço intelectual para compreender, e explicar, que o valor de uso, no capitalismo, está tão contaminado quanto o valor. No capitalismo plenamente desenvolvido, ele só serve como "portador", "substrato" do valor, e é criado desde o início de seu ciclo com essa função — esta não vem se somar a ele num segundo momento. Cada mercadoria consiste numa espécie de "compromisso" entre suas qualidades técnicas ou naturais e as exigências da valorização. Existem, no entanto, dois materiais que demonstram uma adequação perfeita ao trabalho abstrato e têm primazia sobre todos os outros por sua imensa sintonia com o valor, num verdadeiro isomorfismo: o concreto e o plástico.[87] Citamos a definição marxista de massa de trabalho abstrato como "gelatina". Ora, qual outra coisa parece mais com uma gelatina do que o concreto? Aqui, não estamos diante de uma simples analogia. O concreto é a materialização perfeita da lógica do valor; é sua hipóstase, encarnação; representa por excelência *o lado concreto da abstração mercantil.* O *concreto* é a face visível da abstração. É um material sem limites próprios (líquido de início), amorfo, polimorfo, que pode ser moldado em qualquer fôrma. Ele anula todas as diferenças e é mais ou menos sempre o mesmo (exceto quando sua mistura é mal dosada). Ele se adapta a todos os climas, a todas as circunstâncias. Não tem *nenhuma forma própria*, mas pode tomar todas as formas. Não existe em lugar nenhum em estado natural, mas se tornou onipresente. Assim também é o valor: ele pode mudar de forma, ser dinheiro, tornar-se mercadoria, ser dinheiro de

87 É possível observar uma homogeneização mundial similar com relação a outro produto-chave da modernidade: a gasolina.

novo, passar por uma série de metamorfoses até não ser mais reconhecível — quando encarna num valor de uso — e retornar em seguida à sua forma inicial. O valor capitalista aboliu todas as particularidades locais, todas as tradições, e se impôs como a única lei até os últimos rincões do planeta, onde a vida social antes obedecia a leis muito diferentes segundo as regiões; da mesma maneira, o concreto estendeu seu reino monótono ao mundo todo ao homogeneizar com sua presença todos os lugares. A gelatina do trabalho abstrato é feita de calcário e cascalho.

Essa monotonia do material se encontra na monotonia das construções erigidas com ele, a repetição em série de alguns modelos de base: cada construção é, assim, apenas um exemplar de sua espécie, materialização fugaz de uma abstração fundamental. Existe também um paralelo entre o aspecto puramente quantitativo do concreto e a dissolução das classes tradicionais observada numa parte da arquitetura moderna: assim como as diferenças sociais não são mais ligadas ao estatuto e a modos de vida fundamentalmente diferentes, mas se tornaram apenas quantitativas, correspondendo aos níveis de renda, os habitats se distinguem no mais das vezes (mas nem sempre) sobretudo pela quantidade. Os ricos e os pobres podem morar no mesmo tipo de arranha-céu, mas em apartamentos de tamanho diferente — um aspecto que é aliás muito bem evidenciado no romance já citado de J. G. Ballard.

O concreto armado, com sua vida útil tão limitada, sua total inserção no mundo da "obsolescência programada", seu horizonte temporal tão curto, contribui também para a revolução antropológica em marcha e para a verdadeira redefinição de alguns dos traços mais profundos da humanidade. De maneira muito genérica, pode-se dizer que a existência humana se situa num campo entre os dois polos da eternidade e da fugacidade, do que permanece e do que passa — do "invariável" e do "relativo", como diz Baudelaire (1961, p. 1.192 [2006, p. 881]), que se queixava do papel, segundo ele excessivo, atribuído ainda em seu tempo à "beleza eterna", para pregar em lugar a "beleza passageira, fugaz, da vida presente". As sociedades pré-modernas e os sistemas de pensamento que as acompanhavam geralmente insistiram — ao menos na Europa — na superioridade ontológica do imutável perante o efêmero, inserindo-o num conjunto de oposições que se entremeiam e são com frequência consideradas sob um ângulo hierarquizado: forma-matéria; cultura-natureza; masculino-feminino. Essa preferência pelo imutável, em todos os níveis, dá a essas sociedades seu aspecto rígido e conservador característico. A vida se assemelha, no essencial, de uma geração a outra. Em seguida, com a modernidade onde "tudo que é sólido se desmancha no ar", como proclamava com júbilo o *Manifesto do Partido Comunista*, entramos numa ontologia oposta. A parte de "fugacidade" nas existências individuais e coletivas não parou de aumentar, subvertendo, entre outras coisas, o próprio sentido da transmissão entre gerações, que sempre constituiu um dos pilares da vida em sociedade. Essa tendência à volatilidade e à mudança permanente não raro foi vivida como libertação, sobretudo por parte de quem tinha tudo a ganhar com a dissolução das antigas formas de vida. No entanto, se as mutações permanentes eram suportáveis, ou até bem-vindas, era também porque não se aplicavam a *todos* os aspectos da vida. Alguns elementos resistiam à mudança e conferiam um sentimento de continuidade aos indivíduos — permitindo-lhes assim conceber, até retrospectivamente, sua vida como uma unidade dotada de sentido (hoje se diria: uma narrativa). Hannah Arendt foi uma das primeiras a ressaltar a importância disso em *A condição humana* (1958). Depois, Christopher Lasch, com sua descrição da "cultura do narcisismo", e, mais próximo de nós, Zygmunt Bauman, com suas análises da "sociedade líquida", para citar apenas alguns nomes, aprofundaram esses diagnósticos. Viver num contexto de mudança permanente é uma consequência — mas também uma pressuposição mental — do capitalismo industrial. Os sujeitos contemporâneos se acostumaram com a obsolescência e com a renovação incessante de suas roupas e seus carros; eles também se acostumaram — recorrendo se necessário aos psicotrópicos e às terapias — à substituição contínua dos amigos e dos amores, dos filhos (no caso de famílias "recompostas") e do trabalho, dos lugares de moradia e das opiniões políticas.[88] Entretanto, a ausência total de contextos já conhecidos e, logo, reconhecíveis, pode levar os sujeitos à loucura (o que está presente em alguns filmes "distópicos"), enquanto a existência de estruturas permanentes desempenha um papel importante como "guarda-corpo".[89]

Entre os elementos que mudam com mais lentidão estão naturalmente as construções — no essencial, elas não somente sobrevivem a seus financiadores e construtores, mas estão entre as obras materiais mais duradouras da humanidade. É bastante possível, portanto, conceber as desestruturações mentais que resultam das modificações muito grandes e rápidas nesse terreno, sobretudo quando se trata de populações inteiras. Uma cidade reconstruída a cada geração, como sonhava Antonio Sant'Elia, não passaria de um pesadelo, independentemente das construções em questão. Retornar depois de muitos anos a um local, *a fortiori*, se estiver ligado à infância ou a outras lembranças importantes, e encontrá-lo todo transformado costuma ser uma experiência triste e até traumática — como na canção de Adriano Celentano já mencionada.[90] O concreto armado — com sua "expectativa de vida" de apenas algumas décadas, com sua integração num ciclo econômico que transformou em definitivo a construção em mercadoria e, como toda mercadoria, tem uma rentabilidade imediatamente proporcional a seu ritmo de

88 Claro, há coisas na vida que não podem mudar: os *tifosi* [torcedores] italianos declaram com frequência que "você pode trocar de namorada, mas não pode trocar nem de mãe, nem de time de futebol".

89 Em francês, *garde-fou*, literalmente "guarda-louco". [N.E.]

90 Salvo, claro, quando o sujeito se lembra da pobreza desagradável desse lugar e pode constatar "progressos". Mas até mesmo o migrante de volta a seu vilarejo de origem ficaria chocado ao não encontrar *nem um* elemento daqueles que guarda na lembrança.

renovação, com sua facilidade de utilização que incentiva a fazer, derrubar e refazer rápido e sem cálculos de longo prazo — contribui muito para criar um mundo onde "não somos mais nós mesmos" e onde nosso ambiente de vida muda, infelizmente, mais rápido do que nosso coração. A tendência nefasta a pensar apenas a curto prazo, que representa um dos obstáculos maiores para enfrentar a catástrofe ecológica, é enormemente reforçada pela "liquefação" até mesmo da pedra e de outros elementos de construção aparentemente tão sólidos. Assim, o concreto nos acostuma cada dia mais a um mundo onde

> qualquer termo em que pensemos nos agarrar e nos firmar abala-se, e nos abandona e, se o seguimos, ele escapa às nossas tentativas de pegá-lo, escorrega e foge com fuga eterna; nada se detém para nós. É o estado que nos é natural e entretanto o mais contrário à nossa inclinação. Ardemos do desejo de encontrar uma posição firme e uma última base constante para aí edificar uma torre que se eleve ao infinito, mas todo o nosso alicerce cede, e a terra se abre até os abismos. (Pascal, 1954, p. 1.109 [2015, p. 100])[91]

91 Debord (1997) "desvia" algumas palavras dessa reflexão no §71. Pouco importa aqui que todas as expressões relativas ao construir e à topologia que Pascal utiliza ("posição", "base", "edificar", "torre", "elevar-se", "alicerce", "cede", "terra", "abismos") sejam metáforas para indicar os conhecimentos incertos do "homem sem Deus": ele parece falar de nosso mundo.

No final de seu livro dedicado à ponte Morandi, Cyrille Simonnet (2019, p. 112) exprime seu temor de assistir à "desqualificação do material inicial, o concreto armado, o concreto protendido". Ele sublinha que a nova ponte, projetada pelo arquiteto estrela Renzo Piano, será construída em aço, como que para apagar a memória do concreto.[92] O canteiro de obras não viu nem um só dia de interrupção durante a pandemia de covid-19, como se gabou a empresa, e teve grande parte dos trabalhos terminada em 28 de abril de 2020, alguns dias antes do fim do isolamento social na Itália. Ela foi inaugurada em 3 de agosto de 2020, com pouco menos de pompa que de costume.

Será que estamos saindo do tudo de concreto? O que pensar das ecoconstruções e das técnicas alternativas, como a incorporação de corais no concreto? Ou ainda do "urbanismo participativo"? Nós achamos que nem todas as propostas em favor de um novo urbanismo adiantam muita coisa, porque é preciso mudar a vida antes de mudar a cidade. Se o urbanismo, até o mais bem-intencionado do mundo, pressupõe uma colaboração com as instituições hoje existentes e o respeito dos "imperativos econômicos", então nada de bom vai sair daí. Mais uma vez, foram os situacionistas que desenvolveram, com sessenta anos de antecipação, a crítica mais pertinente do que querem nos vender hoje como a última novidade:

> Antes de sua fusão com uma práxis revolucionária generalizada, o urbanismo é necessariamente o primeiro inimigo de todas as possi-

92 Entretanto, o fato de Piano ter anunciado que essa obra durará "mil anos" não é muito animador... "*When will they ever learn?*", como dizia o cantor Pete Seeger.

bilidades que apresenta a vida urbana em nossa época. [...] Porque o método da utopia experimental, para corresponder de fato a seu projeto, deve evidentemente abraçar a totalidade, quer dizer que colocá-la em prática não implicaria um "novo urbanismo", mas uma nova forma de viver, uma nova práxis revolucionária. (Debord, 1961, p. 204-5)[93]

No dia 13 de pluvioso do ano 2 (1º de fevereiro de 1794), durante a fase mais intensa da Revolução Francesa, a Convenção Nacional votou um decreto que previa o desmonte imediato dos castelos feudais, em especial de todas as "torres", símbolos da tirania. Essas demolições já tinham sido empreendidas em vários lugares pelas "sociedades populares" locais. E se decidíssemos hoje lançar uma ação similar contra as "torres" bem mais opressoras criadas pela tirania mercantil?

A crítica da arquitetura, e do concreto em particular, constitui o ponto de junção ideal entre a crítica do capitalismo como sistema econômico e social e a crítica da sociedade industrial. Essas duas formas de vida se desenvolveram conjuntamente desde ao menos o século XVIII. Assim como não pode haver um capitalismo "ecológico" ou "verde", porque o capitalismo é essencialmente industrial, a indústria não é "neutra" e, longe de poder ser utilizada na construção de uma sociedade liberta (como acreditava o movimento operário), ela se apoia em estruturas próprias que determinam seu uso.

Em vez de lutar contra o desaparecimento da arquitetura tradicional, seria talvez necessário agir em prol do desaparecimento da arquitetura moderna. Porém, não se trata de voltar a práticas de construção antigas tais como eram. Existem evidentemente técnicas modernas, muitas vezes simples, que podem ser integradas às técnicas que já provaram dar certo durante milênios. É possível

93 Também seria possível dizer isso com a belíssima frase em latim que o revolucionário inglês Edward Sexby cita em seu panfleto *Killing no murder*, de 1657, infelizmente sem indicar a fonte, apenas dizendo ser de um "poeta antigo": "*Vir bone servorum nulla est unquam civitas*". Que se pode traduzir como: "Quantidade de escravos não forma uma cidade".

citar a esse respeito os trabalhos tanto teóricos quanto práticos do arquiteto egípcio Hassan Fathy (1900-1989), que recebeu em 1980 o primeiro prêmio Right Livelihood, também chamado de "prêmio Nobel alternativo". Ele é conhecido sobretudo por ter reutilizado elementos da arquitetura núbia tradicional na construção do vilarejo de Nova Gurna, no Egito, assim como por seu livro *Construir avec le peuple. Histoire d'un village d'Égypte: Gourna* (Fathy, 1999 [1980]).

A separação entre a cabeça e as mãos, entre a concepção e a execução, aparece cada vez mais como um dos grandes problemas colocados pela "civilização" contemporânea. Diante da onipresença da informática em nossas sociedades, vários autores nos incitam a retomar o controle sobre a vida e encontram um eco crescente (Carr, 2017; Crawford, 2010; 2016; Sennett, 2009; Lochmann, 2019). Entretanto, a exaltação que fazem do trabalho manual e prático passa ao largo da distinção entre trabalho concreto e trabalho abstrato, que se encontra no fundamento da sociedade mercantil: a questão não é apenas saber se uma atividade é manual ou intelectual, inteira ou fragmentada, racional ou irracional, executada de forma autônoma ou sob a tutela de um "especialista", mas também medir seu papel na sociedade: será que ela possibilita a satisfação de necessidades e desejos, ou ela é destinada principalmente a criar "valor" que se transforma numa quantia de dinheiro? Para além das intenções subjetivas do criador, sua dimensão concreta serve apenas de "suporte" para a criação de valor?

O exaurir-se dos recursos a que assistimos atualmente poderia vir a significar uma revalorização de antigas práticas em todos os campos, inclusive no da construção — práticas que vêm de épocas nas quais, por necessidade, os humanos tinham aprendido a ser "econômicos" com relação aos meios à sua disposição. Mas se tratava de uma forma de "economia" muito diferente daquilo que hoje entendemos por essa palavra, cuja etimologia todavia nos leva a *oikos* — a casa.

ADORNO, Theodor W. *Minima Moralia. Réflexions sur la vie mutilée.* Paris: Payot, 1980. [Ed. bras.: *Minima Moralia. Reflexões a partir da vida danificada.* Trad. Luiz Eduardo Bicca. São Paulo: Editora Ática, 1992.]

ADORNO, Theodor W. *L'Art et les Arts.* Org., trad. e apresentação Jean Lauxerois. Paris: Desclée de Brouwer, 2002.

ALBERTI, Leon Battista. *L'Art d'édifier.* Paris: Seuil, 2004, v. IV. [Ed. bras.: *Da arte de construir.* Trad. Sergio Romanelli. São Paulo: Hedra, 2012.]

ANDREOTTI, Libero. *Le Grand Jeu à venir. Textes situationnistes sur la ville.* Paris: Éditions de la Villette, 2007.

ARGAN, Giulio Carlo. *L'Arte Moderna 1770-1970. L'Arte oltre il Duemila.* Florença: Sansoni, 1970.

ARAGON, Louis. "Au Bout du Quai, les Arts Décoratifs!", *La Révolution surréaliste*, n. 5, 1925.

BALLARD, James G. *High-Rise.* Londres: HarperCollins, 2016. [Ed. port.: *Arranha-céus.* Trad. Marta Mendonça & Rute Mota. Lisboa: Elsinore, 2015.]

BARANCY, Olivier. *Misère de l'espace moderne. La production de Le Corbusier et ses conséquences.* Marselha: Agone, 2017.

BAUDELAIRE, Charles. "N'importe où hors du monde". *In*: BAUDELAIRE, Charles. *Œuvres complètes*, v. 4. Paris: Michel Lèvy, 1869. [Ed. bras.: *O spleen de Paris.* Trad. Samuel Titan Jr. São Paulo: Editora 34, 2020.]

BAUDELAIRE, Charles. "Le peintre de la vie moderne". *In*: BAUDELAIRE, Charles. *Œuvres complètes.* Paris: Gallimard, 1961. [Ed. bras.: "O pintor da vida moderna". *In*: BAUDELAIRE, Charles. *Poesia e prosa.* Rio de Janeiro: Nova Aguilar, 2006.]

BRAUDEL, Fernand. *Civilisation matérielle, économie et capitalisme. Les structures du quotidien : le possible et l'impossible.* Paris: Armand Colin, 1979. [Ed. bras.: *Civilização material, economia e capitalismo: séculos XV-XVIII*, v. 1, *As estruturas do cotidiano: o possível e o impossível.* Trad. Terma Costa. São Paulo: Martins Fontes, 1995.]

BERMAN, Marshall. *Tout ce qui est solide se volatilise. L'Expérience de la modernité.* Genebra: Entremonde, 2018. [Ed. bras.: *Tudo que é sólido desmancha no ar: a aventura da modernidade.* Trad. Carlos Felipe Moisés & Ana Maria L. Ioriatti. São Paulo: Companhia das Letras, 2000.]

CALDER, Barnabas. *Raw Concrete. The Beauty of Brutalism.* Londres: Penguin, 2016.

CALVINO, Italo. *La Spéculation immobillière.* Paris: Gallimard, 2013. [Ed. bras.: *A especulação imobiliária.* Trad. Maurício Santana Dias. São Paulo: Companhia das Letras, 2011.]

CARR, Nicholas. *Remplacer l'humain. Critique de l'automatisation de la société.* Paris: L'échappée, 2017.

CASINIÈRE, Nicolas de La. *Les Prédateurs du béton. Enquête sur la multinationale Vinci.* Paris: Libertalia, 2013.

CHADWICK, Peter. *This Brutal World.* Nova York: Phaidon, 2016.

CHARBONNEAU, Bernard. "Ce fut un cours d'eau...". *In*: CHARBONNEAU, Bernard. *Le Totalitarisme industriel.* Paris: L'échappée, 2019.

CHEVALIER, Louis. *L'Assassinat de Paris.* Paris: Calmann-Lévy, 1977.

CHTCHEGLOV, Ivan. *Écrits retrouvés (1953-1954).* Paris: Allia, 2006.

COLEMAN, Alice. *Utopia on Trial: Vision and Reality in Planned Housing.* Londres: Hilary Shipman, 1985.

COLLINS, Peter. *Splendeur du béton.* Paris: Hazan, 1998.

CORBUSIER, Le. *Urbanisme.* Paris: Flammarion, 1994. [Ed. bras.: *Urbanismo.* Trad. Maria Ermantina Galvão. São Paulo: Martins Fontes, 1992.]

CORBUSIER, Le. "Charte d'Athènes". *In*: FREDET, Jacques. *Les Maisons de Paris*, v. 1, *Types courants de l'architecture mineure parisienne de la fin de l'époque médiévale à nos jours.* Paris: L'Encyclopédie des nuisances, 2003. [Ed. bras.: *A carta de Atenas.* São Paulo: Hucitec/Edusp, 1993.]

CORBUSIER, Le. *Vers une architecture.* Paris: Flammarion, 2005. [Ed. bras.: *Por uma arquitetura.* Trad. Ubirajara Rebouças. São Paulo: Perspectiva, 2011.]

COURLAND, Robert. *Concrete Planet: The Strange and Fascinating Story of the World's Most Common Man-Made Material.* Buffalo: Prometheus, 2011.

CRAWFORD, Matthew. *Éloge du carburateur. Essai sur le sens et la valeur du travail.* Paris: La Découverte, 2010.

CRAWFORD, Matthew. *Contact. Pourquoi nous avons perdu le monde, et comment le retrouver.* Paris: La Découverte, 2016.

DEBORD, Guy (org.). *Internationale situationniste*, n. 3, 1959 [repr. em *Internationale situationniste*, 1958-1969. Paris: Fayard, 1997].

DEBORD, Guy (org.). *Internationale situationniste*, n. 4, 1960 [repr. em *Internationale situationniste*, 1958-1969. Paris: Fayard, 1997].

DEBORD, Guy (org.). *Internationale situationniste*, n. 6, 1961 [repr. em *Internationale situationniste*, 1958-1969. Paris: Fayard, 1997].

DEBORD, Guy (org.). *Internationale situationniste*, n. 7, 1962 [repr. em *Internationale situationniste*, 1958-1969. Paris: Fayard, 1997].

DEBORD, Guy (org.). *Internationale situationniste*, n. 11, 1967 [repr. em *Internationale situationniste*, 1958-1969. Paris: Fayard, 1997].

DEBORD, Guy. *Guy Debord présente Potlatch (1954-1957)*. Paris: Gallimard, 1996.

DEBORD, Guy. *A sociedade do espetáculo*. Trad. Estela dos Santos Abreu. Rio de Janeiro: Contraponto, 1997.

DEBORD, Guy. *Œuvres*. Paris: Gallimard, 2006.

DESCARTES, René. "Discours de la Méthode". *In*: DESCARTES, René. *Oeuvres et Lettres*. Paris: Gallimard, 2002. [Ed. bras.: *Discurso do método*. Trad. Maria Ermantina Galvão. São Paulo: Martins Fontes, 2001.]

DISRAELI, Benjamin. *Tancrède ou La Nouvelle Croisade*. Paris: Fayard, 2004.

FALETRA, Marcello, "Urbanistica e architettura come psicopatologie". *In*: FALETRA, Marcello & LATOUCHE, Serge. *Hyperpolis. Architettura e capitale*. Milão: Meltemi, 2019.

FATHY, Hassan. *Construire avec le peuple. Histoire d'un village d'Égypte: Gourna*. Arles: Actes Sud, 1999. [Ed. bras.: *Construindo com o povo: arquitetura para os pobres*. Trad. Maria Clotilde Santoro. Rio de Janeiro: Salamandra; São Paulo: Editora da Universidade de São Paulo, 1980.]

FREDET, Jacques. *Les Maisons de Paris. Types courants de l'architecture mineure parisienne de la fin de l'époque médiévale à nos jours*, 3. v. Paris: L'Encyclopédie des nuisances, 2003.

FREDET, Jacques. *Mettre en forme et composer le projet d'architecture. Diverses considérations sur les manières de procéder, héritées puis réformées par les avant-gardes du XXe siècle avec perspectives d'évolution au début du suivant*, v. 3. Paris: Fario, 2015.

GADDA, Carlo Emilio. *Verso la certosa*. Nápoles: Riccardo Ricciardi, 1961.

GIONO, Jean. *Notes sur l'affaire Dominici*. Paris: Gallimard, 1955.

GOETHE, Johann Wolfgang von. *Faust I et II*. Paris: Flammarion, 1984. [Ed. bras.: *Fausto I e II*. Trad. Jenny Klabin Segall. São Paulo: Editora 34, 2016.]

GROUPE KRISIS. *Manifeste contre le travail*. Albi: Crise & Critique, 2020.

GÜNTHER, Hubertus "Das Trivium vor Ponte S. Angelo". *In*: GÜNTHER, Hubertus. *Römisches Jahrbuch für Kunstgeschichte*, v. 21, 1984, p. 171.

HAUSER, Arnold. *Histoire sociale de l'art et de la littérature*. Paris: PUF, 2004. [Ed. bras.: *História social da arte e da literatura*. Trad. Álvaro Cabral. São Paulo: Martins Fontes, 2000.]

JAPPE, Anselm. "De *l'aura* des anciens musées et de *l'expérience* des nouveaux", *Gruppen. Revue de création transdisciplinaire*, n. 5, 2012.

JAPPE, Anselm. "William Morris et critique du travail", *In*: MORRIS, William. *La Civilisation et le Travail*. Lorient: Le Passager clandestin, 2013.

JAPPE, Anselm. *Les Aventures de la marchandise. Pour une critique de la valeur*. Paris: La Découverte, 2017. [Ed. port.: *As aventuras da mercadoria: para uma nova crítica do valor*. Trad. José Miranda Justo. Lisboa: Antígona, 2006.]

JAPPE, Anselm. *La Société autophage. Capitalisme, démesure et autodestruction*. Paris: La Découverte, 2017. [Ed. bras.: *A sociedade autofágica: capitalismo, desmesura e autodestruição*. Trad. Júlio Henriques. São Paulo: Elefante, 2021.]

JAPPE, Anselm. "Un concept difficile. Le fétichisme chez Marx", *Jaggernaut. Crise et critique de la société capitaliste-patriarcale*, n. 1, 2019.

JARCY, Xavier de. *Le Corbusier. Un fascisme français*. Paris: Albin Michel, 2015.

JARCY, Xavier de & PERELMANN, Marc (org.). *Le Corbusier. Zones d'ombre*. Paris: Non Standard, 2018.

JASIENSKI, André (org.). *Histoires de béton armé. Patrimoine, durabilité et innovations*. Bruxelas: Febelcem (Fédération de l'Industrie Cimentière Belge); Comité Patrimoine et Histoire de la Fabi (Fédération Royale de d'Associations Belges d'Ingémieurs Civiles, d'Ingémieurs Agronomes et de Bioingémieurs), 2013.

KOPP, Anatole. *Ville et Révolution. Architecture et urbanisme soviétiques des années vingt*. Paris: Anthropos, 1967.

KURZ, Robert. *Der Kollaps der Modernisierung. Vom Zusammebruch des Kasernenso zialismus zur Krise der Weltökonomie*. Colônia: Eichborn, 1991. [Ed. bras.: *O colapso da modernização: da derrocada do socialismo de caserna à crise da economia mundial*. Trad. Karen Elsabe Barbosa. São Paulo: Paz e Terra, 1997.]

KURZ, Robert. *Lire Marx. Les textes les plus importants de Karl Marx pour le XXIe siècle. Choisis et commentés par Robert Kurz.* Paris: La Balustrade, 2002.

KURZ, Robert. *Critique de la démocratie balistique. La gauche à l'épreuve des guerres mondiales.* Paris: Mille et une nuits, 2004.

KURZ, Robert. *Avis aux naufragés.* Fecamp: Lignes, 2005.

KURZ, Robert. *Vies et mort du capitalisme. Chroniques de la crise.* Fecamp: Lignes, 2011.

KURZ, Robert. *Impérialisme d'exclusion et état d'exception.* Paris: Divergences, 2018.

KURZ, Robert. *La Substance du capital.* Paris: L'échappée, 2019.

KURZ, Robert. *L'Industrie culturelle au XXIe siècle. De l'actualité du concept d'Adorno et Horkheimer.* Albi: Crise & Critique, 2020.

LA CECLA, Franco. *Contre l'architecture.* Paris: Arléa, 2010. [Ed. port.: *Contra a arquitectura.* Trad. João Soares. Lisboa: Caleidoscópio, 2011.]

LEFEBVRE, Henri. *Critique de la vie quotidiene*, v. 1, *Introduction.* 2 ed. Montreuil: L'Arche, 1958.

LIPOVETSKY, Gilles & SERROY, Jean. *L'Esthétisation du monde. Vivre à l'âge du capitalisme artiste.* Paris: Gallimard, 2013. [Ed. bras.: *A estetização do mundo: viver na era do capitalismo artista.* Trad. Eduardo Brandão. São Paulo: Companhia das Letras, 2015.]

LOCHMANN, Arthur. *La Vie solide. La charpente comme éthique du faire.* Paris: Payot et Rivages, 2019.

LOHOFF, Ernst & TRENKLE, Norbert. *La Grande Dévalorisation. Pourquoi la spéculation et la dette de l'État ne sont pas les causes de la crise.* Paris: Post-éditions, 2014.

LOOS, Adolf. *Ornament et crime.* Paris: Payot, 2015. [Ed. port.: *Ornamento e crime.* Lisboa: Cotovia, 2004.]

LUKÁCS, György. *Goethe et son époque.* Paris: Nagel, 1971. [Ed. bras: *Goethe e seu tempo.* São Paulo: Boitempo, 2021.]

MALEVITCH, Kazimir. *Écrits.* Paris: Ivrea, 1996.

MANDOSIO, Jean-Marc. *Effondrement de la Très Grande Bibliothèque nationale de France: ses causes, ses conséquences et Après l'effondrement. Notes sur l'utopie néotechnologique.* Paris: Encyclopédie des Nuisances, 1999 e 2000.

MARX, Karl. *Manuscrits économico-philosophiques de 1844.* Paris: Vrin, 2007. [Ed. bras.: *Manuscritos econômico-filosóficos.* Trad. e notas Jesus Ranieri. São Paulo: Boitempo, 2004.]

MARX, Karl. *Le Capital*, livro I. Paris: PUF, 2014. [Ed. bras. *O capital: crítica da economia política*. Trad. Regis Barbosa & Flávio R. Kothe. São Paulo: Nova Cultural, 1983.]

MITSCHERLICH, Alexander. *Die Unwirtlichkeit unserer Städte. Anstiftung zum Unfrieden*. Frankfurt am Maim: Suhrkamp, 1965.

MORRIS, William. *Nouvelles de nulle part ou Une ère de repôs*. Paris: L'Altiplano, 2009. [Ed. bras.: *Notícias de lugar nenhum: ou uma época de tranquilidade*. Trad. Paulo Cezar Castanheira. São Paulo: Expressão Popular, 2019.]

MUMFORD, Lewis. *La Cité à travers l'histoire*. Paris: Seuil, 1964. [Ed. bras.: *A cidade na história: suas origens, transformações e perspectivas*. Trad. Neil R. da Silva. São Paulo: Livraria Martins Fontes, 1961.]

NIEUWENHUYS, Constant. "Une autre ville pour une autre vie". *In*: DEBORD, Guy (org.), *Internationale situationniste*, n. 3, 1959, p. 37 [repr. em *Internationale situationniste, 1958-1969*. Paris: Fayard, 1997, p. 105].

NIEUWENHUYS, Constant. "Description de la zone jaune". *In*: DEBORD, Guy (org.). *Internationale situationniste*, n. 4, 1960, p. 24.

OLIVER, Paul (org.). *Encyclopedia of Vernacular Architecture of the World*. Cambridge: Cambridge University Press, 1997.

OSTROVSKI, Nikolai. *Et l'acier fut trempé*. Paris: Les temps des Cerises, 2012. [Ed. bras.: *Assim foi temperado o aço*. São Paulo: Expressão Popular, 2005.]

PASCAL, Blaise. *Pensées*, 84, "Disproportion de l'homme". *In*: PASCAL, Blaise. *Œuvres complètes*. Paris: Gallimard, 1954. [Ed. bras.: *Pensamentos*. Trad. Mário Laranjeira. São Paulo: Publifolha, 2015.]

PAZ, Abel. *Durruti. Le peuple en armes*. Paris: Éditions de la Tête de Feuilles, 1972.

PERELMANN, Marc. *Le Corbusier. Une froide vision du monde*. Paris: Michalon, 2015.

POSTONE, Moishe. *Temps, travail et domination sociale. Une réinterprétation de la théorie critique de Marx*. Paris: Mille et une nuits, 2009. [Ed. bras.: *Tempo, trabalho e dominação social: uma reinterpretação da teoria crítica de Marx*. Trad. Amilton Reis & Paulo Cezar Castanheira. São Paulo: Boitempo, 2015.]

POSTONE, Moishe. *Critique du fétiche capital. Le capitalisme, l'antisémitisme et la gauche*. Paris: PUF, 2013.

RUDOFSKY, Bernard. *Street for People: A Primer for Americans*. Nova York: Doubleday, 1969.

RUDOFSKY, Bernard. *Architecture insolite. Une histoire naturelle de l'architecture concernant, en particulier, ses aspects les plus souvent négligés ou totalement ignorés*. Paris: Tallandier, 1979.

RUDOFSKY, Bernard. *Architecture sans architectes. Brève introduction à l'architecture spontanée*. Paris: Éditions du Chêne, 1980.

SCHEERBART, Paul. "L'Architecture de verre". *In*: SCHEERBART, Paul. *Intouchable. L'idéal transparence — l'architecture de verre*. Paris: Xavier Barral, 2006.

SCHOLZ, Roswitha. *Le Sexe du capitalisme: "masculinité" et "féminité" comme piliers du patriarcat producteur de marchandises*. Albi: Crise & Critique, 2019. [Ed. bras.: *O sexo do capitalismo: teorias feministas e a metamorfose pós-moderna do patriarcado*. Trad. Boaventura Antunes. São Paulo: Elefante, 2025]

SEIGNOBOS, Christian. *Montagnes et hautes terres du Nord Cameroun*. Marselha: Parenthèses, 1982.

SENNETT, Richard. *Ce que sait la main. La culture de l'artisanat*. Paris: Albin Michel, 2009.

SIMONNET, Cyrille. *Morandi à Gênes. Autopsie d'un pont*. Marselha: Parenthèses, 2019.

SOHN-RETHEL, Alfred. *La Pensée-marchandise*. Vulaines-sur-Seine: Croquant, 2010.

VASARI, Giorgio. *Les Vies des meilleurs peintres, sculpteurs et architectes*. Actes Sud, 2005. [Ed. bras.: *Vidas dos artistas*. Trad. Ivone Benedetti. São Paulo: Martins Fontes, 2011.]

VENTURI, Robert; SCOTT BROWN, Denise & IZENOUR, Steven. *Learning from Las Vegas*. Cambridge: MIT Press, 1977.

VITRUVE. *De L'Architecture*. Paris: Les Belles Lettres, 2009. [Ed. bras.: *Tratado de arquitetura*. Trad. M. Justino Maciel. São Paulo: Martins Fontes, 2019.]

Alejandro Barta

ANSELM JAPPE nasceu em Bonn, na Alemanha, em 1952. É professor de filosofia na Academia de Belas Artes de Roma e na Escola de Altos Estudos em Ciências Sociais de Paris, com passagens por várias universidades europeias e estadunidenses. É um dos principais teóricos da crítica do valor, autor de *A sociedade autofágica: capitalismo, desmesura e autodestruição* (Elefante, 2021), *Crédito à morte: a decomposição do capitalismo e suas críticas* (Hedra, 2013), *Uma conspiração permanente contra o mundo* (Antígona, 2014) e *As aventuras da mercadoria: para uma nova crítica do valor* (Antígona, 2006) e coautor de *Capitalismo em quarentena: notas sobre a crise global* (Elefante, 2020).

COLEÇÃO

— CRISE & CRÍTICA —

Crise econômica, crise ecológica, crise da democracia, crise sanitária, crise da representação, crise do patriarcado, crise do sujeito... Em todas as partes do globo unificado pelo capitalismo, as sociedades sobrevivem em meio a uma imensa acumulação de crises. A coleção Crise & Crítica, publicada pela Editora Elefante, com curadoria de Gabriel Zacarias, apresenta reflexões críticas para a época do capitalismo de crise.

TÍTULOS PUBLICADOS

Capitalismo em quarentena: notas sobre a crise global
Anselm Jappe, Sandrine Aumercier,
Clément Homs & Gabriel Zacarias

A sociedade autofágica: capitalismo, desmesura e autodestruição
Anselm Jappe

Crítica do espetáculo: o pensamento radical de Guy Debord
Gabriel Zacarias

AMBASSADE
DE FRANCE
AU BRÉSIL

Liberté
Égalité
Fraternité

Cet ouvrage, publié dans le cadre du Programme d'Aide à la Publication année 2024 Carlos Drummond de Andrade de l'Ambassade de France au Brésil, bénéficie du soutien du Ministère de l'Europe et des Affaires étrangères.

Este livro, publicado no âmbito do Programa de Apoio à Publicação ano 2024 Carlos Drummond de Andrade da Embaixada da França no Brasil, contou com o apoio do Ministério francês da Europa e das Relações Exteriores.

Título original
Béton: arme de construction massive du capitalisme

Primeira edição, julho de 2025
São Paulo, Brasil

Dados Internacionais de Catalogação na Publicação (CIP)
Angélica Ilacqua CRB-8/7057

Jappe, Anselm
Concreto: arma de construção em massa do capitalismo / Anselm Jappe; tradução de Robson de Oliveira.
— São Paulo: Elefante, 2025.
184 p. (Crise e crítica)

ISBN 978-65-6008-081-2
Título original: Béton: arme de construction massive du capitalisme

1. Concreto - Aspectos políticos 2. Capitalismo 3. Arquitetura e sociedade I. Título II. Oliveira, Robson de

25-0595 CDD 693.5

Índices para catálogo sistemático:
1. Arquitetura e sociedade - Aspectos políticos

elefante
editoraelefante.com.br
contato@editoraelefante.com.br
fb.com/editoraelefante
@editoraelefante

TIPOGRAFIA Feijoa, Silva & Wedding Gothic ATF
PAPEL Supremo 250g/m² & Pólen Bold 70 g/m²
IMPRESSÃO Margraf